MINIMALISMO Y PRESUPUESTO MINIMALISTA

La Caja De Herramienta #1 Para Principiantes Para Tener Una Forma Minimalista De Vida. Organice Su Hogar Y Consiga La Libertad Financiera

Organización Y Minimalismo

ADIÓS A LAS COSAS, HOLA LIBERTAD

Descubra métodos de vanguardia para despejar su mente y vivir una vida más plena con menos
(Guía para principiantes)

Copyright 2019 - Todos los derechos reservados.

El siguiente libro se reproduce a continuación con el objetivo de proporcionar información lo más precisa y fiable posible. Independientemente de ello, la compra de este libro puede considerarse como un consentimiento al hecho de que tanto el editor como el autor de este libro no son de ninguna manera expertos en los temas tratados en él y que cualquier recomendación o sugerencia que se haga en el presente documento es solo para fines de entretenimiento. Los profesionales deben ser consultados cuando sea necesario antes de emprender cualquiera de las acciones aquí aprobadas.

Esta declaración es considerada justa y válida tanto por la Asociación Americana de Abogados como por el Comité de la Asociación de Editores y es legalmente vinculante en todos los Estados Unidos.

Además, la transmisión, duplicación o reproducción de cualquiera de los siguientes trabajos, incluyendo información específica, se considerará un acto ilegal, independientemente de si se realiza por vía electrónica o impresa. Esto se extiende a la creación de una copia secundaria o terciaria de la obra o de una copia grabada y solo se permite con el consentimiento expreso por escrito del Editor. Todos los derechos adicionales reservados.

La información de las páginas siguientes se considera en general como un relato veraz y preciso de los hechos y, como tal, cualquier falta de atención, uso o uso indebido de la información en cuestión por parte del lector hará que las acciones resultantes queden exclusivamente bajo su responsabilidad. No hay escenarios en los que el editor o el autor original de este trabajo pueda ser considerado de alguna manera responsable por cualquier dificultad o daño que les pueda ocurrir después de haber realizado la información aquí descrita.

Además, la información de las páginas siguientes está destinada únicamente a fines informativos y, por lo tanto, debe considerarse como universal. Como corresponde a su naturaleza, se presenta sin garantía de su validez prolongada o de su calidad provisional. Las marcas registradas que se mencionan se hacen sin consentimiento por escrito y de ninguna manera pueden ser consideradas como un endoso del titular de la marca registrada.

Tabla de Contenidos

Introducción **8**
Capítulo Uno - Entender El Minimalismo **12**
   ¿Qué es el minimalismo? 12
   Minimalismo vs. Cultura de consumo 13
   8 beneficios del minimalismo para proteger la vida 14
   La Relación entre Minimalismo y Desorden 17
   Las señales de advertencia señalan que el desorden que no se puede ignorar 18
Capítulo Dos – Establecer Las Bases Para Su Mejor Versión Minimalista **21**
   Principios poderosos para ayudarlo a ver el mundo como un verdadero minimalista.. 21
   Hábitos minimalistas cotidianos para llegar a la zona 30
Capítulo Tres – Organice Su Hogar 101 .... **37**
   Organice poco a poco: ¿Cómo empiezo? 37
   Consejos para mantener un hogar ordenado permanentemente.. 38
   Preguntas que debe hacerse antes de comprar cualquier cosa 50
   La estrategia de la lista de deseos de 30 días 51
Capítulo Cuatro - Libérese Del Desorden Emocional Y Mental **53**
   Factores que facilitan el desorden mental 56
   Prácticas que debe conocer para ayudarle a lidiar con el desorden mental 57
   Cómo identificar sus valores fundamentales 64
   Todo lo que necesita saber acerca de cómo declarar sus relaciones 66
Capítulo Cinco - Los Secretos Del Minimalismo Financiero **76**
   Cómo el minimalismo puede ayudarle financieramente 76

Consejos minimalistas para ayudarle a lograr la libertad financiera 78
Capítulo Seis – Organización Avanzada En Su Hogar...............82
   Una guía de limpieza de habitación por habitación....................82
   Consejos para deshacerse del desorden sentimental 85
   La mejor manera de decorar y diseñar un hogar minimalista 86
CAPÍTULO SIETE – DESORDEN DIGITAL 89
   Los principios del minimalismo digital......................................90
   Consejos importantes para vencer el desorden digital 91
Capitulo Ocho - Perfeccionando La Experiencia Del Minimalismo 95
   Por qué necesitamos más experiencias que cosas materiales......96
   Experiencias que son mejores que cualquier objeto material que pueda comprar 98
Conclusión..105

Introducción

Puede suceder en un abrir y cerrar de ojos: un día te despiertas y descubres que tu vida está atascada. Te das cuenta de que no necesitas la mayoría de las cosas que tienes actualmente. Descubres que te has metido en el agujero negro del desorden y que, si no tienes cuidado, podrías deslizarte aún más profundo y perder la verdadera esencia de tu vida. Las posesiones alrededor de su hogar podrían caer en cualquiera de estas categorías: cosas compradas, cosas heredadas y regalos recibidos. En un momento u otro de tu vida, todas estas cosas sirvieron para un propósito en particular. Eras feliz con ellos, hasta que te diste cuenta de que ya no los necesitabas. Estos artículos fueron lanzados en un espacio de su hogar y comenzaron a ocuparlo permanentemente. Con el tiempo, las cosas se han acumulado y ahora has perdido el control. Es como si fueras el protagonista de una película de terror y todos estos objetos han invadido tu hogar con el único objetivo de atormentarte.

Usted ha elegido el libro correcto. Se lo puedo asegurar. En estos capítulos, expondré formas menos conocidas de reclamar tu vida, tu mente y tus finanzas. Una cosa es notar la presencia de desorden en tu vida, pero otra cosa es saber cómo deshacerse de él. La gente tiende a ignorar el desorden en sus vidas, no porque se sientan cómodos con él, sino porque no saben cómo aliviarlo. Esto puede ser lo más frustrante de todo. De hecho, es mejor no descubrir la presencia de desorden que descubrirlo y no saber qué hacer al respecto. La verdad es que el desorden puede fácilmente llegar a ser tan grande y elevado que no puedes evitar notarlo. Estos monstruos de desorden son la razón por la que me embarqué en este viaje Con mi gran conocimiento en tu arsenal, usted vencerá el desorden en poco tiempo.

Me gusta referirme a mí mismo como un "Agente Organizador". Puede sonar extraño (puede que te preguntes: "¿Es eso realmente una cosa? ¿La gente estudia eso en la escuela?") pero existimos, créeme. La gente de hoy en día finalmente está dispuesta a dejar ir la basura acumulada en sus sótanos y áticos, y los expertos como yo les ayudamos a lograr este objetivo. Desde la temprana edad de siete años, empecé lo que cariñosamente llamo "Un experimento sobre el desorden". Es un trabajo en progreso, pero he descubierto información valiosa sobre cómo matar de hambre el desorden de su fuerza vital y obstaculizar su crecimiento. ¡Hay un antídoto para la mordedura de este monstruo!

El antídoto es este: minimalismo y decadencia. Los dos van de la mano y las maravillas que hacen en su hogar y en su vida son sorprendentemente transformadoras.

En la mente ignorante, la palabra "minimalismo" puede a veces evocar visiones de pobreza, frugalidad extrema o incluso mezquindad. Esta visión es completamente inexacta. El minimalismo te pone en control de tu vida. ¿Sabes cómo dicen, "menos es más"? El minimalismo y su enfoque de la decadencia le ayudará a recuperar todos los espacios personales que han sido consumidos por la basura. Su hogar finalmente se convertirá en un lugar donde puede vivir libremente, sin obstáculos, y la vida será más placentera y satisfactoria, en general. ¡Es posible lograr esto!

El estudio del minimalismo y la decadencia es algo a lo que he dedicado gran parte de mi vida y mi carrera. Y muchos de mis clientes anteriores alaban los resultados positivos que han visto después de emplear los métodos enseñados en mis seminarios y *webinars*. Muchos de mis clientes han superado la depresión y la ansiedad, y la mayoría han aprendido a recuperar el control sobre sus caóticas vidas. Estos brillantes testimonios me han obligado a compilar un archivo actualizado y muy completo de mis métodos. Estas son las mismas herramientas y técnicas que enseño a mis clientes. La gente que se adhiere a mis instrucciones rara vez se encuentra cara a cara con el desorden de nuevo. Todo lo que necesitas es la dosis correcta de autodisciplina y estás listo para empezar.

El enfoque que aporto al tema de la decadencia y el minimalismo es simple y directo. Entiendo que algunos de mis lectores serán estudiantes por primera vez del tema, así que será mejor si se diluye para su fácil comprensión. El acto de organizar puede ser confundido con una secuencia de acciones que involucran el proceso de organizar o poner las cosas en su lugar, pero les digo que hay más que eso. El éxito final del proceso depende de la mentalidad y de la determinación de mantener la coherencia. No solo te enseñaré cómo ordenar tu hogar, también te mostraré cómo ordenar tu vida, tu mente y tus pensamientos. Es un proceso completo, y si se ignora una faceta, es posible que nunca se logre el éxito.

Piensa en el desorden de tu vida como un monstruo cada vez mayor. No hay forma de detener su crecimiento. A medida que pasa el tiempo, usted adquirirá más artículos para el hogar, utensilios de cocina, juguetes para niños y ropa. Todas estas cosas se acumulan y se amontonan en las esquinas de la hogar. Todo esto puede no parecer peligroso en el sentido real de peligro, pero el desorden es un veneno para la vida, un virus que ralentiza el sistema operativo de su vida. Comprenda que su hogar, mente, negocio y familia están en juego debido a la presencia de desorden.

Un proverbio chino dice que la mejor época para plantar un árbol es hace veinte años. El segundo mejor momento es ahora. ¡La solución no es solo tomar medidas, sino tomar las medidas necesarias

AHORA! No importa cuán conmovido esté por los puntos detallados en este libro, nunca logrará un éxito minimalista tangible hasta que comience a aplicar los métodos enumerados. Sentirás un empujón mientras lees este libro; no te contengas. Dibuje un pequeño horario para ti y sígalo. Haz un esfuerzo consciente para despejar tu vida. Recuerde, solo usted puede ayudarlo.

Capítulo Uno - Entender El Minimalismo

¿Qué es el minimalismo?

El término "minimalismo" se originó a partir de una forma extrema de arte abstracto que se desarrolló por primera vez en los Estados Unidos a principios de la década de 1960. Esta forma de arte representaba imágenes que fueron despojadas hasta lo más ínfimo para que pudieran ser entendidas más fácilmente mientras se transmitía el mensaje que se pretendía transmitir. Las cualidades del arte minimalista eran que tenían una forma de belleza purificada para cualquier espectador dispuesto a mirar más allá de su naturaleza despojada. En esencia, el mensaje básico que los artistas minimalistas querían enviar era que siempre hay más en menos. Y por más contraintuitivo que eso sonara, la forma de arte sobresalió y se hizo popular con el tiempo. Para ayudarlo a comprender su popularidad, la simple escultura de bronce a escala humana de Alberto Giacometti de un hombre señalador se vendió por la friolera de $ 141.3 millones en mayo de 2015.

La verdad es que el concepto de minimalismo ha sido popular durante siglos, aunque muchas personas han asumido erróneamente que es un fenómeno moderno. El minimalismo siempre se ha relacionado con conceptos de arte y diseño puros e intencionales. Pero también es mucho más que eso. El minimalismo se trata de identificar los conceptos básicos, las necesidades y apegarse a ellos mientras se elimina todo exceso.

Nuestras vidas en este mundo moderno están lejos de ser minimalistas. Nuestra sociedad se alimenta constantemente de la noción de que cuanto más tienes, más eres. Cada día nos llenan de más anuncios y promociones que nos instan a conseguir este último reloj de diseño o esos zapatos nuevos de moda. Es un ciclo que nunca parece terminar. Muchos de nosotros pasamos tiempo persiguiendo estas cosas, cegados y convencidos de que nos darán la felicidad que necesitamos. Yo he estado allí y puedo decirles que estos nuevos objetos brillantes no les dan la felicidad que prometen.

He aquí mi propia y simple definición de minimalismo,

El minimalismo es una forma de vida intencional que le permite reevaluar sus prioridades y reconsiderar lo que realmente le da valor a su vida. El minimalismo te quita las distracciones y te permite reconectarte con lo que te da libertad.

A medida que siga leyendo, es posible que desee modificar esta definición para encapsular mejor su experiencia. Los deseos y necesidades varían de una persona a otra. Es probable que el minimalismo satisfaga sus necesidades de una manera diferente.

Minimalismo vs. Cultura de consumo

No hay manera de endulzarlo: vivimos en una cultura odiosamente consumista. La presión para consumir es tan fuerte que dondequiera que mires hay una nueva valla publicitaria que te pone un producto atractivo en la cara. Simplemente caminar afuera puede incitar una batalla de la mente y los impulsos.

Ser influenciado por la cultura es normal, pero algunos aspectos de esta cultura pueden ser bastante dañinos si no se tiene cuidado. El consumismo y el minimalismo son dos fuerzas opuestas en la actualidad, y el vencedor final depende totalmente de ti. Cada día, estas grandes compañías desembolsan millones de dólares en busca de su atención. Las personas influyentes en los medios de comunicación social que actúan como sus secuaces también tienen la intención de hacer que usted consuma más. El mensaje dominante que se envía con estos anuncios es: "Tienes que comprar este producto. Las personas ricas y atractivas de todo el mundo utilizan este producto, ¿y no quieres ser como ellos?"

Los anuncios se elaboran diariamente con este mensaje en mente. Pero pregúntate: "¿Necesitaba esto antes de ver el anuncio? ¿O solo lo necesito ahora que sé que existe? ¿Esta necesidad es real o es una compañía que trata de hacerme sentir así?" Estos son los fundamentos del minimalismo. Empieza con la mente. Comienza hablando y advirtiéndose a sí mismo. Nadie dice que no debería ser influenciado por los anuncios de YouTube o Facebook, sino que aprenda a investigar la intención de los vendedores. ¿Qué es lo que realmente quieren de ti? ¿Este producto le ofrecerá valor a usted o es que una compañía solo quiere su dinero?

8 beneficios del minimalismo para proteger la vida

Hay muchos beneficios obvios de la organización, como tener un hogar más organizado, pero los beneficios del minimalismo son mucho más profundos que eso. Estos son algunos de los mayores beneficios del minimalismo:

1. **Estabilidad emocional y claridad mental**

La conexión entre la mente y el número de posesiones que poseemos es fuerte. Las investigaciones han demostrado que unos pocos minutos al día para limpiar la basura, hacer la cama y lavar la ropa pueden afectar masivamente nuestro estado mental y proporcionar tranquilidad. Cuando no estamos rodeados de desorden, nos relajamos subconscientemente. Cuando no hay un millón de objetos diminutos que nos distraigan, podemos pensar con más claridad y tomar mejores decisiones.

2. **Reducción del estrés**

Sabiendo que una vez que usted entre a su hogar, encontrará un montón de ropa en el piso de la habitación, platos en el fregadero y libros tirados en la mesa del comedor es suficiente para hacer que mucha gente le tema a la perilla de la puerta. Puede crear un desagüe psicológico y si no se tiene cuidado con él, la depresión incluso puede aparecer. El desorden consume espacio en su hogar y puede crear una sensación de claustrofobia, una sensación de que su propia hogar está siendo tomada. Debes lidiar con el desorden antes de que te expulse de tu propio hogar.

3. **Más espacio para cosas de valor**

Como he ilustrado, menos es más. Cuando purgas tu vida y eliminas las cosas que no son importantes, estás creando más espacio para las cosas de valor. Mientras tu vida esté llena de basura, nunca habrá espacio para lo que realmente necesitas. No solo en términos de espacio físico, sino también en términos financieros. Si usted está gastando todos sus ingresos en ropa nueva, ¿cómo va a permitirse un sofá nuevo y cómodo? Llámame loco, pero creo que es mucho mejor tener tres pares de calcetines de calidad que cien rotos.

4. **Mejores relaciones**

Los principios minimalistas se aplican a todos los aspectos de nuestras vidas, y eso incluye nuestras relaciones personales. Cuando practicamos el minimalismo en un nivel profundo, nos convertimos en un imán para mejores amistades y relaciones. Verás, incluso ciertas personas en nuestras vidas pueden ser consideradas "exceso". ¿Cuántas de sus amistades realmente le dan valor a su vida? ¿Quiénes son tus únicos amigos porque quieres parecer más popular? El minimalismo nos enseña que tener pocas pero estrechas conexiones es mejor que tener muchos conocidos impersonales.

5. **Gestión del tiempo mejorada**

El desorden mata el tiempo. ¿Alguna vez has buscado un montón de llaves en un escritorio desorganizado? Nadie quiere pasar por eso en una mañana ajetreada. El desorden es una bestia que puede devorar tu tiempo. Perdemos mucho tiempo buscando entre basura innecesaria los artículos que realmente necesitamos. ¡Piense en cuánto tiempo ahorraríamos si no tuviéramos que soportar esta confusión!

6. Un planeta más feliz

La tierra está a merced de su minimalismo. Menos desorden en nuestros hogares significa menos desechos en los vertederos y en los océanos. Gran parte de nuestro desorden no puede ser reciclado. Si continuamos comprando desorden, las compañías solo continuarán produciéndolo. Y afrontémoslo, no necesitamos la mayoría de estos objetos brillantes. Si vives una vida minimalista, puedes seguir adelante con la conciencia más clara. Usted puede descansar mejor sabiendo que no está contribuyendo a la creciente acumulación de basura en el mundo.

7. Sentido de propósito

La motivación puede volver a su vida después del proceso de organización. Es casi como si estuvieras comenzando la vida de nuevo, como si hubieras renacido, dándote una segunda oportunidad. Una vez que se ha despejado el camino, la confusión se va y una sensación de claridad se instala. A menudo he escuchado a la gente decir que una vez que pierden la motivación o el interés por una determinada actividad, se detienen por un tiempo y despejan su entorno. No hay nada como la belleza que viene con la creación del espacio. Es una buena manera de recordarte a ti mismo el control que tienes sobre su vida.

8. Libertad Emocional

La libertad emocional viene cuando aprendemos a dejar ir el desorden emocional. Acumulamos desorden emocional cuando nos aferramos a sentimientos como la malicia, los celos, los rencores y el odio. Cuando encuentras la fuerza para saldar cuentas, pagar deudas y dejar atrás los errores, tu mente se alivia. Cuando guardamos rencor o sentimos celos de alguien, esto agota nuestro sistema emocional. Imagina lo que podría haber logrado con esa energía si no la hubiera perdido con tanta negatividad.

La Relación entre Minimalismo y Desorden

Como expliqué en mi introducción, el minimalismo y el desorden son dos cápsulas que se usan juntas para curar la enfermedad del desorden. La gente usa ambas palabras indistintamente pensando que significan lo mismo. Este es un error comprensible. Aunque cubren los mismos conceptos, no son los mismos. Uno sirve de trampolín para lograr el otro.

El desorden es el proceso inicial para las personas que desean recuperar sus vidas y poseer sus espacios. Algunas personas que se entregan al desorden no tienen intención de vivir una vida minimalista. Para ellos se trata solo de decaer hoy en día, esperando a que el desorden se acumule de nuevo, y luego desordenar nuevamente. Para ellos el desorden es una forma de terapia, una forma de limpiar sus vidas de forma temporal. En su conjunto, la decadencia no es un proceso que cambie la vida. Es como cepillarse los dientes todos los días o pasar la aspiradora por la sala de estar todas las mañanas. El resultado del desorden a menudo nunca es permanente. La mayoría de las personas a menudo regresan a la decadencia cada dos meses o año.

El minimalismo y la organización comparten el mismo tema, que es la eliminación y eliminación de excesos en la vida. El desorden consiste en un proceso simple, mientras que el minimalismo es un estilo de vida adoptado. El minimalismo es una mentalidad en la que el practicante se ha comprometido a tener solo cosas de valor e importancia en sus vidas. El minimalismo ayuda a frenar los excesos del consumismo para que no sea necesaria la decadencia. Se trata de vivir y sobrevivir con menos para poder obtener más recompensas intangibles.

Las señales de advertencia señalan que el desorden que no se puede ignorar

El desorden es un monstruo cada vez mayor, pero el único problema con este monstruo es que nunca te das cuenta de su crecimiento hasta el día en que salta del armario y te agarra por el cuello. Como una enfermedad, no todo el mundo lo ve venir. Estudie estas señales y compárelas con lo que está sucediendo en su hogar en este momento.

1. **Usted está abrumado en su propio espacio personal y vida privada**

En mis años de experiencia tratando con el desorden, puedo decir que este es probablemente el signo más peligroso de todos. Se manifiesta en pequeñas formas. Usted se despierta en la mañana y recuerda todas las citas que tiene para el día e instantáneamente comienza a sentirse abrumado incluso antes de levantarse de la cama. La frustración se instala y la esencia y la alegría de la vida se pierde.

Una vez que llegas a hogar, parece que tu propia hogar te ha cerrado con llave, aunque tengas las llaves. Descubres montones de objetos confusos que siguen burlándose de ti. Usted se confunde y ora sinceramente por la mañana siguiente para que pueda huir del desorden en su propia hogar. ¿Adivina qué? El desorden en el hogar es igual al desorden en la mente. Su hogar es suya y solo suya y tiene que lidiar con ella de una forma u otra.

2. **Una mente distraída y desenfocada**

Todos los monstruos son poco atractivos y pueden fácilmente causar distracciones cuando llegan. Nadie puede permanecer tranquilo en presencia de un humanoide del tamaño de un gorila con cuernos y colmillos afilados. Así es con el desorden también; no se puede hacer nada en su presencia porque hace que uno se sienta disperso y desenfocado. Incluso un desorden aparentemente menor, como platos sin lavar, puede crear ansiedad y desviar la atención. El desorden no solo es un obstáculo para la productividad, sino que también puede obstaculizar la relajación.

3. Comprar para impresionar

Si a menudo se siente tentado a comprar determinados artículos porque quiere impresionar a su familia y amigos, incluso cuando realmente no le gustan estos productos y puede que no los necesite, sepa que está viviendo una vida desordenada. Lo más probable es que la mayoría de las otras cosas que usted posee fueron compradas con esta mentalidad y están creando desorden en su hogar. Cada vez que se ve obligado a buscar la validación de una fuente externa que no sea usted, la felicidad que encuentre será superficial y nunca se realizará.

4. Tiene problemas para encontrar cosas

El desorden se traga las cosas. Cuando esto suceda, tendrá que rogarle a este monstruo que le devuelva sus cosas. ¿Alguna vez se ha preguntado por qué no puede encontrar el control remoto de la televisión, o sus calcetines, o incluso un destornillador cuando realmente lo necesita? La respuesta es simple: desorden. Estas cosas han perdido sus lugares legítimos en su hogar.

Libros debajo de la cama, cucharas en la sala de estar, agujas de tejer rellenas entre los cojines: si algo de esto le recuerda a su hogar, entonces necesita ordenar. Si se encuentra constantemente perdiendo cosas, entonces es posible que tenga demasiadas cosas. Una vez que se eliminan todos los artículos extraños, inmediatamente se hace más fácil encontrar artículos en el hogar.

5. Usted es dueño de un cajón de basura

Los cajones de basura se están convirtiendo gradualmente en algo común en el mundo de hoy, y esto es el resultado de que la gente tiene demasiadas cosas. El cajón de basura es un vertedero para objetos diversos. Francamente, no necesitas un cajón de basura. Si usted no puede encontrar un hogar para ciertas posesiones, entonces usted debe honestamente repensar su necesidad. Como su nombre indica, la mayoría de los objetos colocados en este cajón son basura.

6. Te avergüenzas de tu espacio.

¿La idea de que un amigo venga a visitarte te produce escalofríos? ¿Empiezas limpiando y ordenando frenéticamente cuando alguien llama para decir que viene a una breve visita? Si respondió "sí" a estas preguntas, es probable que tenga un gran problema de desorden. Pongámonos a trabajar en ello inmediatamente antes de que el desorden se convierta en el propietario y usted se convierta en el inquilino.

Capítulo Dos – Establecer Las Bases Para Su Mejor Versión Minimalista

Principios poderosos para ayudarlo a ver el mundo como un verdadero minimalista

Para obtener todos los beneficios del minimalismo, debe estar dispuesto a pagar el precio mental, psicológica y físicamente. Como hemos establecido en el capítulo anterior, el minimalismo no solo trata el aspecto físico de tu vida; el minimalismo va más allá, penetrando en la mentalidad y actitud hacia la vida. Estos siguientes principios le ayudarán a prepararse para el viaje que tiene por delante.

1. **Tus posesiones no te definen**

Contrariamente a lo que la mayoría de la gente cree, usted no es lo que posee. Sus posesiones no definen su valor. Desafortunadamente, muchas personas hacen compras con esta idea errónea en mente. Si quiere lucir bien, adelante, y si quiere los últimos accesorios, ve por ellos, pero no haga esas compras con desesperación. Y hágalo sin acumular desorden.

No es fácil practicar el minimalismo en el mundo en el que vivimos hoy. Se nos recuerda constantemente cómo podríamos y deberíamos ser más ricos. Nos bombardean los mensajes que nos dicen que cuanto más tenemos, más atractivos, dignos e interesantes somos. Pero ¿cuántas veces los productos que hemos comprado han cumplido con estas promesas? Al final del día, seguimos teniendo las mismas inseguridades y los mismos obstáculos. Lo más probable es que, incluso cuando usted compró lo que pensó que sería una solución rápida para algo, usted continuó encontrando ese problema. Sus posesiones no arreglarán lo que te hace infeliz. La cantidad que posea no determina su valor. Esto puede ser una señal de que no te sientes realizado en tu vida; una vez que persigues lo que realmente te hace feliz, y te dejas definir por tus logros, ya no necesitarás objetos materiales.

2. Vea sus posesiones por lo que realmente son

Es hora de dar un paso audaz y evaluar honestamente todas sus posesiones. Mire alrededor de su hogar y observe lo que está creando desorden. Pregúntese por qué gastó tanto tiempo y energía en adquirir, mantener y almacenar todos estos objetos. Las cosas que poseemos se pueden dividir en cualquiera de las siguientes categorías: objetos funcionales, objetos de embellecimiento y cosas sentimentales.

Los objetos funcionales hacen ciertos trabajos. Son necesarios para ayudarnos a realizar las actividades cotidianas. Algunos de ellos son esenciales para nuestra supervivencia, mientras que otros existen simplemente para mejorar nuestras vidas. Es importante que entiendas que no todo lo que quieres es necesario para tu supervivencia. Puede que te guste creer eso, pero no es la verdad. Cualquier objeto funcional que facilite la vida cotidiana es bienvenido en su nuevo mundo minimalista. Una hogar puede funcionar bien en ausencia de una patineta, pero no puede hacer lo mismo en ausencia de ollas de cocina. Ambas cosas agregan valor a una hogar, pero el valor de una eclipsa a la otra.

Los artículos de embellecimiento se introducen en el hogar porque añaden valor estético a su entorno. El arte debe ser apreciado y abrazado, ya que esto a veces puede añadir ambiente o una sensación de calma a una habitación. Pero tenga cuidado, ya que demasiados artículos de embellecimiento todavía pueden formar desorden, especialmente desorden de color. Observe su estante por un tiempo y observe la presencia de antigüedades que no coinciden. El hecho de que usted apreciara ese objeto esculpido unos meses después de la muerte de su madre no significa que deba tener un espacio para toda la vida en su hogar. Superamos las cosas y nuestro amor por ellas, y eso es completamente normal.

Las cosas que no entran en ninguna de las categorías mencionadas anteriormente suelen tener un valor sentimental. Estos pueden consistir en regalos, pertenencias heredadas u objetos que le recuerden un momento particular de su vida. Los objetos sentimentales te recuerdan los lugares en los que has estado, las personas que has conocido a lo largo del camino y las experiencias que has tenido.

Al evaluar sus pertenencias, responda a estas preguntas:

- ¿Qué valor añade esto a mi hogar?
- ¿Consideraría reemplazar esto si alguna vez se rompiera o se perdiera, o me sentiría aliviado de que finalmente estuviera fuera de mi alcance?
- ¿Necesitaba este artículo antes de adquirirlo?

3. La alegría de la vida sencilla

Cuando simplifica su vida, le quedan las cosas básicas y más necesarias que le dan valor y alegría. Limite sus compras y adquisiciones al mínimo para que solo permita lo que necesita en su vida. Tener solo lo esencial en su hogar es un componente importante del minimalismo. Esto ayuda a evitar la afluencia de residuos domésticos (que es una forma de desorden en sí misma). Esfuércese por reducir su tasa de consumo para que solo tenga las cosas que necesita para satisfacer sus necesidades inmediatas.

La mayoría de los consumidores en nuestro mundo moderno ni siquiera pueden hacer un inventario completo de las cosas que poseen porque poseen tanto. La vida sencilla le ayuda a mantenerse consciente y responsable de sus posesiones. Tal vez una mañana te preguntaste:"¿Dónde está mi polo azul marino?" E incluso después de semanas de búsqueda, no pudo localizarlo. Esa es una señal importante de desorden. Eres dueño de cosas que no necesitas ni usas y esto ha dado lugar a la irresponsabilidad.

4. Anhelar la disponibilidad de espacio

De vez en cuando, solo queremos tener una bocanada de aire fresco. ¿Alguna vez has intentado hacer eso en una habitación llena de gente? Por supuesto que no, porque no trae consuelo. De hecho, es probable que la sala llena de gente sea la razón por la que se necesita esa bocanada de aire fresco. Te encontrarás respirando colonia y olor corporal. Sería diferente si ese espacio estuviera despejado. Naturalmente, todos nos sentimos más tranquilos en un espacio vacío y despejado.

La ausencia de espacio causa angustia. Cuando no hay suficiente, la claustrofobia comienza a comerte. Muchas personas creen que su problema de espacio solo se puede resolver mudándose a una hogar o un complejo más grande. Sin embargo, a los pocos meses de su llegada, el desorden comienza a formarse de nuevo en este nuevo entorno. No huya de su falta de espacio; enfréntelo de frente y comience a crear más espacio. Esto es lo que el minimalismo te ayuda a lograr. Cada espacio se convierte en suficiente para ti porque has dominado el arte de crear más cuando lo necesitas.

Como establecí en mi introducción, el desorden es un monstruo que devora el espacio. Un día te despiertas y descubres que todo el espacio que una vez disfrutaste ha desaparecido y te preguntas qué pasó. Fue un proceso gradual y como el espacio es silencioso, no pronunció ninguna palabra mientras era tragado. No te preocupes por tu espacio perdido. Puede que lo hayas perdido tan rápido como un chasquido de dedo, pero no se pierde para siempre. Todo lo que tienes que hacer es deshacerte de las pertenencias innecesarias.

Usted debe tener en cuenta la cantidad de espacio que tiene en su hogar antes de comprar más cosas. Recuerde que el espacio en su hogar no es vacío. Aporta un valor estético propio. Permite a todos los que viven en ese espacio respirar más fácil y libremente. Aprende a anhelar este sentimiento, en lugar de las cosas.

5. Menos cosas significa menos estrés

La gente raramente considera esto, pero se necesita mucha energía física y mental para manejar todas las cosas que uno posee. Después de comprar el artículo y ese momento fugaz de lo que yo llamo la "subida del comprador", la diversión de la situación comienza a ir constantemente cuesta abajo. Este artículo no solo ocupa espacio en su hogar, sino que también debe gastar energía para mantenerlo en su lugar y fuera del camino. Y si el artículo se rompe, costará más dinero y tiempo repararlo. Pronto, comienza a sentirse como si los productos controlaran su vida, en lugar de lo contrario.

El estrés asociado a la acumulación de posesiones viene en etapas. Una vez que descubres que no eres dueño de un artículo en particular, te da una sensación de alienación y privación. "¡Cielos! "¡Estoy tan pasado de moda!" Tal vez te encuentres pensando. Es entonces cuando el estrés comienza a desarrollarse. Hay una sensación de sentirse irrelevante si no se posee el producto adecuado. Luego está el estrés relacionado con la adquisición del artículo. Comienzas a mirar escaparates, a navegar por la web y a desplazarte sin rumbo por Amazon. Pronto, usted tiene un aumento de la frecuencia cardíaca.

Te das cuenta de que no puedes permitirte el lujo de comprar el artículo, pero lo sacas de tu mente y lo compras de todos modos. Su emoción supera a su mente racional, pero el estrés se filtra una vez que hace clic en el botón "confirmar compra". Cuando llega el artículo, usted está lleno de esa euforia familiar, pero esto no dura mucho tiempo. Una vez que pierde su brillo, termina en el mismo rincón con todas las otras cosas que una vez amaste, pero que ya no te interesan. Se convierte en otra cosa para tirar fuera del camino cuando no puedes encontrar lo que necesitas.

Tómese un momento para recordar la vida antes de tener tantas posesiones. Todo era mucho más sencillo. Poseías esa alegría sin adulterar de un minimalista, y probablemente más dinero, también.

No estoy tratando de convencerte de que vivas en el bosque, alimentándote de babosas y lombrices, con solo una cama de heno y una cuchara de madera. Solo te pido que reflexiones. Imagínese sin la mitad de las posesiones que posee actualmente. Considere su vida sin toda su selección de tazas o los libros que ha tenido durante años pero que nunca ha leído. Considere su vida si solo es dueño de los bolsos y carteras que *realmente* usa. Lo más probable es que tu vida no sea peor. ¡Y piensa en todo el estrés que estarías eliminando de tu vida!

6. La satisfacción es poderosa

No puedo dejar de insistir en este punto: la satisfacción es la base sobre la que se construye un estilo de vida minimalista. Una persona codiciosa o acaparadora nunca será capaz de practicar el minimalismo al máximo, a menos que experimente una transformación completa. Lo que es una locura en el mundo moderno es que la mayoría de nosotros *estamos* contentos con las cosas que ya poseemos, hasta que nos acosa la idea de que existe algo mejor y nos dicen que tenemos que comprarlo ahora.

Una vez que sus necesidades básicas como ser humano sean atendidas, entonces la felicidad debería estar en su lugar. Tu felicidad no debería depender de las cosas que posees; cuando eso sucede, la felicidad se vuelve inalcanzable. Cuando aprendes a apreciar lo poco que tienes, empiezas a ver abundancia en todo y la vida se vuelve aún más agradable. Concéntrate en lo que tienes en vez de en lo que no tienes, porque una vez que empiezas a comparar tu vida con la de la gente que te rodea, tu hambre de más cosas nunca descansa. Las cosas no pueden llenar el vacío de tu profundo descontento e insatisfacción.

Usted debe practicar el arte de creer que tiene suficiente antes de que realmente tenga suficiente. "Suficiente" es, después de todo, una cosa de la mente en la era moderna cuando la mayoría de nosotros tenemos nuestras necesidades básicas satisfechas muy fácilmente. Todo tiene que ver con el autocontrol y la autodisciplina.

7. Proteja el flujo de las cosas en su vida

¿Qué tan fácil es para las cosas inútiles entrar en su vida y establecerse allí? Cada día aparecen más consumibles en busca de un nuevo hogar, y a menos que usted practique la autoconciencia, su hogar corre el riesgo de invitar a este nuevo desorden. Proteger el flujo de las cosas en su vida significa que usted solo debe permitir que las cosas de valor en - las cosas que le proporcionan alegría sin diluir, libre de la necesidad de complacer o hacer que otros aprueben de usted.

Estos objetos que forman desorden no tienen patas ni alas. Debemos preguntarnos:"¿Cómo llegan a nuestros hogares?" O los compramos o nos los regalan.

Tu hogar es tu espacio personal; es la única parte del mundo donde puedes ser rey o reina. Se debe hacer un esfuerzo consciente para proteger la hogar de estos materiales no deseados. Antes de que algo llegue a su hogar, evalúe toda su situación.

Las preguntas necesarias aquí incluyen:

- ¿Qué papel veo que jugará este objeto, si es que juega alguno, dentro de unos meses?
- ¿Hay un lugar en mi vida para este artículo en este momento?
- ¿Qué me motiva a comprar esto?
- ¿Cuánto tiempo ha pasado desde que compré algo que funciona de la misma manera?

Puede que te preguntes: "Pero ¿qué hago con los regalos, los regalos o los obsequios? Rechazar cortésmente un artículo a veces funciona bien, pero la mayoría de las personas no tienen la mente para hacerlo debido a su relación con el donante. Si realmente sientes que necesitas recoger ese artículo, adelante, pero toma nota mentalmente para sacarlo de su lugar en unos meses, y haz que lo desechen, donen o vendan. No permita que este desorden se asiente en su hogar. Tu hogar no es un contenedor de basura.

8. Vive la vida libre de los grilletes de las posesiones

Los mejores minimalistas son aquellos que han aprendido a manejar los efectos que las posesiones tienen sobre su bienestar. La idea aquí es aflojar el agarre que sus pertenencias tienen sobre su identidad. Las fortalezas emocionales que construimos alrededor de estos objetos pueden ser vinculantes y si no tenemos cuidado, pueden llevar al sufrimiento. Separarse de sus pertenencias significa encontrar libertad emocional, mirar más allá del valor monetario de las posesiones para ver el valor real de la vida.

Los beneficios de practicar el desapego de las posesiones son numerosos y cambian la vida. Esto eventualmente conducirá a una personalidad menos codiciosa. Cuando ya no estés plagado por un hambre insaciable de cosas, encontrarás mucha más satisfacción en tu vida. Finalmente puede encontrar la libertad de los complejos materiales del mundo moderno. ¿Alguna vez has oído hablar de familias arruinadas por el conflicto sobre quién puede heredar las cosas de un ser querido recientemente fallecido? ¡No tienes que ser tú!

El minimalismo es una llamada de atención para dejar de sentirse definido por sus pertenencias y para formar vínculos con aspectos de la vida que crean una alegría más profunda. Ayudar en la comunidad. Hay nuevas experiencias que te atraen. Hay muchas personas con las que puedes conocer y forjar nuevas relaciones.

Aunque es posible que deseemos evitar el tema de la muerte, nos llegará a todos en algún momento. Cuando llegue su momento, todos los artículos inútiles a los que se haya apegado se quedarán atrás y no tendrán ningún propósito. Las cosas que dejes atrás serán lo que te recuerden. Mientras se prepara para su vida minimalista, tómese unos minutos para revisar sus pertenencias y considerar qué impresión le causará. Esto no es para hacerte temer o preocuparte por la muerte, sino para hacerte entender que solo unas pocas cosas en tu vida valen el espacio que ocupan.

9. No es necesario que sea suyo para disfrutarlo

Considere esta pregunta: ¿por qué debe tenerlo para disfrutarlo? Añadir un nuevo objeto a tu pila de desorden no es la única forma de experimentar los beneficios de ese objeto. En estos tiempos, estamos tan ansiosos de poseer cosas (y a veces, incluso personas) que podemos llamar nuestras y *solo* nuestras - pero esta es una forma tonta de vivir la vida. Los artículos que son comunales de alguna manera son igual de buenos. Al pedir prestado o alquilar un artículo, usted todavía puede hacer buen uso de él sin tener que preocuparse por su lugar a largo plazo en su hogar. Si necesita un libro nuevo, ¿por qué no pedirlo prestado a un amigo o a la biblioteca? Si necesita un traje para un evento de lujo, hay muchas compañías que ofrecen alquiler de ropa de alta calidad para uso a corto plazo. Los alquileres son mucho más baratos que las compras. No solo es más amable con tu billetera, sino también con tu hogar.

Hábitos minimalistas cotidianos para llegar a la zona

Probablemente ya lo sabías, pero el minimalismo no es solo un hábito, sino también un estilo de vida. Para los minimalistas más duros, puede incluso parecer una religión. Para un poco de humor, considere el desorden como el mal de esta "religión" minimalista. Así como todas las demás religiones tienen sus rituales cotidianos para ayudar a sus seguidores a mantenerse conectados a sus enseñanzas, el minimalismo también tiene sus propias rutinas y hábitos que sirven a un propósito similar.

Hay hábitos simples que deben ser implementados diaria o semanalmente en su nuevo horario minimalista. Estos hábitos pueden parecer pequeños, pero crearán un mundo de diferencia. La mayoría de estos rituales diarios se pueden llevar a cabo en cuestión de segundos, sin consumir demasiado tiempo. Antes de entrar en los hábitos de minimalismo, permítanme explicarles una gran estrategia para integrar nuevos hábitos saludables en sus vidas.

- **U Un truco de vida para desarrollar mejores hábitos.**

Cuando tratamos de crear mejores hábitos, tendemos a hacer las cosas difíciles para nosotros mismos. No tiene que ser así. ¿Quieres saber un secreto? Usted debe encontrar una manera de vincular los hábitos que desea desarrollar con los hábitos ya existentes. Si escuchar podcasts es parte de tu agenda diaria, intenta hacerlo *mientras* haces algo que no disfrutes tanto. Podrías asociar este hábito al menos agradable acto de lavar los platos. O podría conectar el hábito de prepararse para la cama con la práctica de limpiar el espacio de su escritorio. Cuando se trata de crear nuevos hábitos, esta es una forma probada y verdadera de hacer que se mantengan.

HÁBITOS MINIMALISTAS

1. Encienda su mentalidad minimalista todos los días

Comience cada día leyendo o mirando cualquier cosa que tenga que ver con el minimalismo. De esta manera, puede asegurarse de estar siempre motivado. Actualizar su mentalidad acerca de los poderosos beneficios del minimalismo lo ayudará a mantenerse en el camino, especialmente en los días que desee rendirse. Hazlo a primera hora de la mañana porque es cuando tu subconsciente está más activo y receptivo a la información.

Casi todos los anuncios en los medios sociales o la televisión son una promoción del consumismo. Cuanto más les prestas atención, más te encuentras alejándote de las enseñanzas minimalistas. Sea diligente al adoptar este nuevo estilo de vida. Haga un esfuerzo consciente para llenar su mañana, y en esencia, su día con la información que importa y la información que le beneficiará. Suscríbete a los canales de minimalismo en YouTube y sigue a los que influyen en el minimalismo en Instagram. Empiece cada día con un motor minimalista.

2. Encuentre su tribu

La gente con la que pasas el tiempo influirá inevitablemente en tus acciones. No puedes alimentar un sueño minimalista mientras sales con gente materialista. Un partido influirá en el otro, y les diré ahora que el materialismo es mucho más contagioso que el minimalismo. No importa cuán disciplinado seas como un minimalista, se necesitará una gran cantidad de energía emocional y mental para no ser absorbido por un mundo de consumismo.

Si la gente en su vida vive alineada con las enseñanzas minimalistas, será más fácil hacer que este nuevo estilo de vida se mantenga para siempre. El minimalismo ya no será algo que tengan que *tratar de* encarnar; simplemente será la nueva norma. No pensarás de otra manera. Por eso es importante encontrar a tu tribu. Esto no significa que no puedas socializar o conocer a otras personas (¡obviamente!), solo significa que necesitas estar consciente de con quién te rodeas y cómo eso impactará en tu nueva vida. Evalúe su vida ahora y considera cuáles personas serán buenas y cuáles serán malas para tu nuevo y prometedor capítulo. Proponga métodos que lo protejan de sus formas materialistas si alguna vez necesita pasar tiempo juntos.

3. **Gratitud**

La gratitud es poderosa. La gratitud energiza la sonrisa en su rostro y lo convierte en la persona más atractiva de la habitación. Este hábito es fácil de incorporar en su día, pero como he dicho, necesitará un cambio drástico de mentalidad. La única diferencia entre una persona agradecida y una ingrata es su mentalidad. Una vez que empiezas a ver el mundo a través de la lente de la gratitud, instantáneamente te sientes mucho más feliz.

Cada mañana, justo antes de que sus hijos o pareja se despierten, saque su cuaderno o diario especial y haga una lista de tres cosas por las que está agradecido. ¡Esto puede ser cualquier cosa! ¿Su hijo sacó un 80% en un examen sorpresa después de que los ayudaste a estudiar? Muestre gratitud por haber sido bendecido con un niño inteligente. ¿Es una época fría, húmeda y miserable del año? Demuestra gratitud por haberte cobijado de un clima tan terrible. Solo piensa, ¡podrías estar ahí fuera en el frío helado ahora mismo! El contentamiento es solo un pensamiento cuando se hace de la gratitud un hábito diario.

4. **Llena tu vida de experiencias, no de cosas**

Valora las experiencias y recuerdos que la vida te trae. La gente no te recordará por las cosas que trajiste del centro comercial, sino por las experiencias que les diste mientras estabas con ellos. Ve a algún lugar divertido. Ve a ver una cascada y experimenta la belleza. Hazle a alguien una cena fantástica. Los recuerdos y las experiencias compartidas son la roca sobre la que se construyen las amistades y las relaciones. La gente siempre te recordará por cómo los hiciste sentir.

5. Aprender a decir "no" cuando sea necesario

Nunca subestimes el poder de decir "no". A pesar de lo pequeña que es la palabra, tiene mucho peso y poder. Vidas han sido cambiadas y salvadas solo porque alguien se atrevió a decir" 'no". Como minimalista, hay que cultivar el hábito de decir no siempre que sea necesario. Decir que no, te hace una persona mala. De hecho, es decir sí cuando no deberías o cuando no lo dices en serio lo que te hace un cobarde. ¿Te encuentras incapaz de decir que no a la gente? ¿Esta gente siempre termina regresando? Es probablemente porque saben que nunca serán rechazados por ti. Mira a tu alrededor, algunos de los miembros más respetados de la sociedad son los que dicen que no en el momento adecuado. No son fáciles de influenciar en los horarios y planes de otras personas.

El hábito de decir no se aprende con la práctica constante y con el paso del tiempo. Decir que no a los demás es decir que sí a ti mismo y liberarte de futuros compromisos y compromisos que pueden resultar en un desorden en tu agenda. O peor aún, su cuenta bancaria.

Dígale que no a los niños que podrían querer juguetes adicionales. Diga que no a los amigos que podrían querer que usted sea el anfitrión de una fiesta, incluso si no tiene el tiempo y los recursos para hacerlo. Diga que no incluso a su propio yo, cuando le importa le está rogando que compre una nueva novela en la librería cuando hay un centenar en la biblioteca de su hogar que usted ni siquiera ha abierto.

6. Planifique una comida sencilla pero nutritiva

Simplificar sus comidas les enseñará a sus papilas gustativas y al paladar en general a disfrutar y aceptar el sabor natural de los alimentos. La necesidad de añadir saborizantes adicionales a sus comidas se reducirá. Este cambio de estilo de vida evitará que más envases lleguen a su hogar. Un intento constante de superarse en la cocina puede ser una pérdida de tiempo y energía. Tenga un plan de comidas que pueda repetirse fácilmente con variedad de vez en cuando. Su proceso de compra resultará ser mucho más ágil y el desorden será mucho más controlado.

7. Emplea mecanismos de control de espacio

Crear más espacio en su hogar es una manera decente de lidiar con el desorden, pero no es la mejor manera. Lo que usted puede haber logrado es proporcionar más espacio para el crecimiento del desorden. En lugar de buscar cómo crear espacio en su hogar, emplee mecanismos que le ayuden a controlar el espacio que ya posee. La gente ha estado construyendo sus hogares cada vez más grandes y, sin embargo, el desorden sigue existiendo. Una vez que vemos la disponibilidad de espacio, es nuestra naturaleza humana querer llenarlo de cosas. Para que el minimalismo tenga pleno efecto, debemos aprender a suprimir este impulso.

Coloque dos cajas en puntos estratégicos de su hogar. Estas cajas son para posesiones que estás decidiendo dejar. Uno de ellos contendrá las cosas que usted quiere vender o donar y el otro contendrá las cosas que usted quiere descartar. Con eso establecido, manténgase alerta y consciente de lo que está consumiendo espacio en su hogar. Identifique las cosas que han perdido su valor en su hogar y elija donarlas o desecharlas. Este simple truco hace maravillas y despeja el espacio a los pocos meses de práctica continua.

8. Minimice su deuda

La deuda es una forma de desorden por sí misma. Te agobia tanto emocional como económicamente y en tus relaciones con las personas. Puede que no funcione exactamente de la misma manera que el desorden material, pero la deuda acumulada con el tiempo siempre vendrá con frustración, enojo y depresión. Las filosofías minimalistas enfatizan la importancia de prevenir la creación de deudas, pero en el caso de que ya haya ocurrido, usted debe hacer planes para pagarlas todas y eliminar la carga.

No te preocupes. Puede parecer un gigante insuperable, pero un enfoque paso a paso le dará en la cabeza. Primero, decida no acumular más deudas. Antes de llamar a sus amigos para pedir un préstamo o algo peor, compre algo caro con su tarjeta de crédito, considere profundamente si es necesario. La mayoría de las veces nos endeudamos solo porque estamos tan convencidos de que luego nos pondremos manos a la obra. Si no puedes hacerlo ahora, ¿por qué será mejor más tarde?

Haga algunos cálculos y calcule cuál es su ingreso semanal o mensual. A partir de esa suma se puede establecer un cierto porcentaje para el pago de la deuda, poco a poco. Si puede hacer los pagos automáticos o una reducción directa de su cheque de pago, hágalo. También ayudará a desarrollar fondos de emergencia; en otras palabras, dinero al que se puede recurrir cuando llegue el momento. Crea una cuenta y envía pequeñas cantidades de tus ganancias a esta cuenta. Ahorre dinero en esta cuenta con el tiempo y resista todos los impulsos de gastarlo, a menos que no tenga otra opción y necesite desesperadamente el dinero. ¡No, tus "deseos" no cuentan!

9. Buscar la calidad en todo momento

Dicen que todo lo que vale la pena hacer vale la pena hacerlo bien. Yo digo: "Cualquier cosa que valga la pena comprar es de alta calidad". Los productos de calidad inferior siempre resultan ser baratos porque los vendedores están seguros de que no durarán mucho tiempo en su posesión. Sin embargo, cuando vemos estos precios bajos, nos resulta difícil resistir la compra. Inevitablemente, el desgaste ocurre y usted vuelve a comprar un nuevo juego de estos mismos productos de calidad inferior. Con el tiempo, una pila creciente de productos de baja calidad aparece en su hogar, cuando usted podría haber comprado un producto de alta calidad en su lugar. No solo es un desperdicio de espacio, sino también de dinero a largo plazo. ¡No se deje engañar por ese precio barato! La calidad viene con el costo extra y su tranquilidad vale la pena ese costo extra.

Capítulo Tres – Organice Su Hogar 101

Ahora es el momento de entrar en el proceso minimalista de decadencia con todo detalle. Hemos establecido con éxito los cimientos del minimalismo, la importancia del minimalismo y los hábitos que te pondrán en el camino correcto hacia una vida de libertad sin restricciones de los objetos materiales. Este capítulo le guiará a través de los procesos esenciales de decodificación. Como todo lo que hemos demostrado hasta ahora, es vital que haga que estas prácticas formen parte de su rutina, y no solo una actividad única.

Organice poco a poco: ¿Cómo empiezo?

Una de las desventajas más significativas de comenzar cualquier nuevo hábito o tarea es averiguar por dónde empezar en la tierra. Al desguazar la hogar, siempre hay un lugar por donde empezar. Cuando miras alrededor de tu hogar y ves el desorden en el suelo de tu sala o de tu dormitorio, algo te habla y te dice: "No puedes hacer esto. Es demasiado. ¿Dónde pondrás todas estas cosas?" No se altere y se sienta abrumado por el miedo. Todo lo que tiene que hacer es adoptar la consistencia. El desorden no ocurre en un instante. Es un proceso que lleva tiempo porque también tardó un tiempo en acumularse. A medida que te tomas el tiempo para practicarlo más y más, comienzas a mejorar cada vez más. Pronto te encuentras naturalmente involucrado en el proceso. Se ha convertido en parte de usted.

La clave para ordenar desde cero es sacar todo de su lugar designado. Voltee los cajones y vierta todo su contenido. Desnuda el armario para dejar al descubierto ganchos, varillas y estanterías. No olvide que necesitará un espacio libre para deshacerse de las cosas que se desecharán o donarán. Le sugiero que comience con un área pequeña a la vez para que la habitación en la que está trabajando actualmente no se llene de materiales y dificulte la libre circulación.

Imagine que está comenzando la vida en su hogar de nuevo. Ver las pertenencias en un lugar diferente cambiará su perspectiva sobre su disposición. Y verter tus cosas puede ayudarte a identificar algunos artículos que no han estado en su lugar durante un tiempo. No dude en sacar cualquier cosa de su espacio designado. Escoja una parte de la hogar con la que se sienta más cómodo y comience. Hay muchos lugares en los que puedes empezar a decaer, y ninguno es mejor que el otro. Puede ser su dormitorio, o el ático o el sótano. Solo escoge un lugar. Cuando estés allí, puedes buscar una porción más pequeña y trabajar en ello: debajo del espacio de la cama, el armario o el zapatero. No descuides ninguna parte de ella porque cada rincón que se pasa por alto contiene un desorden que puede crecer si no prestas atenciones.

Consejos para mantener un hogar ordenado permanentemente

1. **Lo que se queda y lo que se va:** Una vez que haya vertido el desorden de su escondite, debe comenzar el proceso de clasificación. Este es el punto en el cual usted debe encontrar la causa de todo su desorden. El proceso de clasificación tiene tres categorías: Guarde, Deseche y Done. Necesitará tres contenedores para cada uno de ellos. Las cajas también funcionarán bien para ayudarle, sobre todo, si necesita ocuparse de artículos más pequeños. Si tiene una caja más pequeña, puede usarla para cosas sobre las que actualmente no se ha decidido. A medida que avanza, encontrará elementos que le harán pausar y sentirse confundido sobre si los arrojará o los guardará.

Tíralos en la caja y vuelve a ellos más tarde para que no ralenticen su progreso.

La posibilidad de que acabe con cajas llenas de materiales indecisos es muy alta. No tiene de que preocuparse. Selle y coloque una fecha con un marcador. Dedique algo de tiempo a los artículos y vuelva a ordenarlos nuevamente. Para entonces, usted tendrá una mente y un juicio más claro sobre el futuro de estas pertenencias en su vida. Usted no debe enredarse demasiado en la decisión de tener una caja llena de artículos indecisos. Es una forma de desorden por sí solo. No lo tires en el sótano y lo olvides porque sientes que no tienes la resistencia emocional para dejar ir esas cosas. El punto aquí no es encontrar un lugar de almacenamiento diferente para estos artículos, sino mantener el proceso de desencofrado tan rápido y sin problemas como sea posible.

- **La caja de descarte:** El contenido de esta caja puede ser llamado el "Desechables". No te quedes con el nombre, ya que estos artículos son básicamente basura. Estos artículos no sirven para nada en tu vida. No se deje llevar y no deje caer ninguna de ellas en la caja de "Guardar". La verdad siempre debe prevalecer en su toma de decisiones. Hay cosas que puedes sentir que todavía tienen valor, pero dentro de tu corazón sabes que son basura; simplemente no quieres dejarlas ir porque contienen ciertos recuerdos o ideas sobre lo que quieres ser. La caja de descarte está llena de cosas que son difíciles de soltar. Si no se puede arreglar, entonces debe soltarlo.

Reciclar algunos de estos artículos es una opción. Tenga en cuenta su entorno inmediato al clasificar estos elementos. Entra en YouTube y busca información sobre cosas que se pueden reciclar fácilmente para un propósito y valor mayor. La eliminación adecuada de la basura debe ser una consideración importante a medida que se clasifica a través de la pila. ¿Dónde terminarán estas cosas? ¿Qué se puede reutilizar y reutilizar?

- **La caja para conservar:** Esto contendrá todas las cosas que quieras conservar. Las posesiones aquí incluirán todo lo que todavía le da valor a su hogar y a su vida, cosas que usted realmente aprecia, y cosas que todavía son funcionales y útiles. Si usted no ha usado algunos artículos en años, entonces debe saber que no pertenecen a esa caja. Serán más útiles en una caja de donaciones o en la caja de artículos no decididos.

- **La caja de donaciones:** Esta caja contendrá artículos que todavía son útiles pero que ya no le sirven para nada. Algunos ejemplos son los juguetes caros que se encuentran en el sótano, a pesar de que su hijo menor ya está en la escuela secundaria. Puedes dárselas a tus nuevos padres. Tendrán más valor en su hogar que en la suya. No te sientas mal por dejarlos ir. Te estás dando libertad, y estás proporcionando a esos artículos una nueva vida donde serán más apreciados. Algo te seguirá diciendo: "Pero es posible que algún día aún necesites esto". Resiste el impulso de sucumbir a ese pensamiento. Si no lo necesita hoy, la posibilidad de que necesite otro día es muy pequeña.

Sea más generoso con los artículos de su pila de donaciones. Tenga la seguridad de que alguien ahí fuera los apreciará. Es posible que también le preocupe dónde llevar sus donaciones. Hay numerosas organizaciones religiosas que siempre necesitan materiales para dar a los menos privilegiados. La Cruz Roja y otras organizaciones médicas aceptan sus donaciones para ayudar a los campamentos de desplazados internos en todo el mundo. Todo lo que tienes que hacer es investigar un poco en Internet, y la gente adecuada vendrá a tu puerta para ayudarte a sacar tus donaciones.

Si usted es reacio a liberar sus pertenencias al mundo de esta manera, entonces considere venderlas en su lugar. El dinero en efectivo le proporcionará más valor que el artículo que yace en la hogar. Realice una venta de garaje o de jardín. Usted se sorprenderá de la cantidad de dinero que puede ganar con uno. Hay una variedad de cosas que usted puede vender, desde libros hasta CD, DVD y equipo de golf. Te sorprenderá cuánta gente en tu vecindario necesita desesperadamente las cosas que has estado acumulando.

2. Un propósito para cada artículo: Es muy fácil que la caja para "conservar" se inunde de objetos. Antes de que cualquier objeto sea devuelto a su hogar y a su vida, es necesario que reconsidere su verdadera importancia en su vida. Hágase la pregunta esencial sobre cada artículo que encuentre. Cada artículo en su caja para "conservar" debe estar haciendo una contribución positiva notable a su vida. Todo lo demás no debe ir en esta caja.

Mientras pasas por estos objetos, te encontrarás con muchas cosas que sirven exactamente para el mismo propósito. Pueden tener una decoración o un embalaje diferente, pero en última instancia hacen lo mismo. Este es un caso de duplicación, y debe ser manejado y atendido apropiadamente. El minimalismo consiste en eliminar los excesos de tu vida. Algunos de estos artículos en el hogar pueden fácilmente multiplicarse y atascar los cajones. Algunos ejemplos son bolígrafos, clips o botones. Ahorre una cantidad razonable y elimine el resto de ellos.

Otros artículos que no están en la clase de artículos duplicados deben ser examinados ahora. Examine la esencia de cada artículo, averiguando su valor y cuánto se necesita en su hogar.

Las respuestas que te vienen a la mente te guiarán sobre dónde colocar los artículos, ya sea en una caja de donación o en una caja para "conservar". Algunos artículos pueden tener algún tipo de valor, pero el espacio que proporcionarán una vez que sean retirados del camino puede ser más valioso. Dese ese nuevo espacio y quite ese objeto del camino.

Al clasificar y hacer categorizaciones, podrías considerar tener un amigo objetivo y responsable que también sea un minimalista a tu alrededor. Su presencia le dará el impulso suficiente para hacer lo correcto. Tener que explicar por qué quieres quedarte con un objeto estúpido u otro puede ser vergonzoso. Usted mirará a través de sus pertenencias con ojos más claros y comprenderá por qué necesita dejarlas ir.

Mientras revisas tus cosas, ten en cuenta que solo usas el 30% o menos de las cosas que posees cada mes. Y la diferencia casi nunca se nota. Algunas de las cosas que atesoras y proteges con tanto cariño no servirán para nada en tu vida durante todo el año. Pero como hay espacio, decides alojarlos. Sea más rígido durante el proceso de clasificación. Busque los elementos esenciales que constituyen el menos del 30% y guárdelos. Estas son tus posesiones más importantes.

3. Un hogar para todo: en su propio hogar, cada una de sus posesiones debe tener sus propios hogares, espacio que ocuparán a partir de ahora. Debe estar en el centro de su mentalidad minimalista: todo debe tener su lugar. Es un principio importante del minimalismo. Es mucho más fácil para usted mantener stock y evitar que los artículos perdidos se muden a su hogar cuando hay lugares designados para todo. Cuando esto está en su lugar, es más fácil para usted identificar cosas que no deberían estar en su hogar y cosas que no pertenecen a su entorno.

Hay que tener en cuenta al hacer estas designaciones, algunas de las cuales incluyen la frecuencia de uso, el tamaño, la fragilidad y la proximidad. La hogar ya está dividida en pequeñas unidades de habitaciones. A veces, si uno tiene suerte o es lo suficientemente rico, las diversas habitaciones se dividen en compartimentos o espacios más pequeños para contener alguna clase especial de posesiones u objetos. Por ejemplo, los armarios de la cocina pueden contener cerámica y utensilios de cocina, y los vestidores de la habitación pueden contener toda la ropa. Por lo general, la hogar de un artículo debe estar más cerca del lugar donde más se necesita. Si tiene ropa apilada en el piso de su baño, es hora de trasladarla al lugar donde se necesita.

Las cosas que usted usa con más frecuencia deben mantenerse cerca de usted en un lugar donde pueda alcanzarlas fácilmente. Usted querrá poder acceder a estos elementos sin tener que hurgar y escarbar innecesariamente en sus otras cosas.

Una vez que haya identificado y designado un lugar para todo, será útil etiquetar cada uno de estos lugares para que cualquier persona que entre a su hogar sepa exactamente dónde poner las cosas después de usarlas. Utilícelo como una especie de dirección para cada elemento. Incluso sus hijos se acostumbrarán a ello y seguirán estas sencillas instrucciones. Haga que los miembros de su familia participen activamente en el proceso de desorden. Si todo el mundo tiene una mentalidad de decadencia y minimalismo, será más fácil enfrentarse a este monstruo. Un esfuerzo de colaboración hace maravillas. La ropa debe colgarse en lugar de apilarse en cajas o sillas. Lleve los utensilios de vuelta a sus espacios colgantes en lugar de dejarlos en el mostrador de la cocina. Devuelva los libros a la estantería en lugar de dejarlos en el piso o en las sillas.

Una vez que entre a una habitación, trate de encontrar artículos que no estén en su lugar y devuélvalos a su hogar. Solo le llevará unos minutos fuera de las horas del día y la gran diferencia se notará en su hogar.

4. Mantenga las superficies claras - Las superficies anchas y planas son los principales lugares de reproducción del desorden. La mayoría de los artículos terminarán en superficies claras, no hay duda de ello. Eche un vistazo a tu hogar. Las superficies como la mesa de comedor, los mostradores de la cocina o la mesa de café de la sala de estar probablemente estén llenas de desorden. Esto se acumulará gradualmente hasta que toda la superficie haya sido colonizada por la basura.

Las superficies claras añaden un cierto tipo de belleza a cualquier ambiente que las rodea. Ofrecen un sinfín de posibilidades. La superficie transparente de la cocina le ayudará a preparar una comida rápida sin obstáculos. Una mesa de comedor despejada acomodará a los miembros de una familia para el desayuno. Nunca se insistirá lo suficiente en la importancia de las superficies claras. No nos damos cuenta del valor de una superficie despejada hasta que la encontramos cubierta de desorden. De repente, no podemos dejar ni una sola placa, o no tenemos dónde dejar nuestro portátil para el trabajo.

Para asegurarse de que sus superficies permanezcan limpias, debe adoptar una nueva actitud y observar algunos principios básicos de desencofrado. Sus superficies no deben ser utilizadas como espacios de almacenamiento. Por todos los medios necesarios, sus superficies deben mantenerse limpias y despejadas en todo momento. Estos pasos le ayudarán:

i. Despeje cada objeto de esa superficie plana. Si debiesen estar en la superficie o no es irrelevante en esta etapa temprana. Serán devueltos más tarde, si pertenecen aquí.
ii. Una vez que la superficie esté despejada, apártese de ella y observe la calma que produce tener una superficie despejada. Vea lo atractiva que es la superficie, observe la belleza del espacio.
iii. Identifique para qué sirve esa superficie en su hogar. ¿Es una superficie que cumple una función específica (como un mostrador de cocina) o se utiliza en momentos de creatividad? Tal vez

quieras usarlo para algo totalmente diferente de su propósito anterior. Una vez que haya identificado con éxito su función, ahora puede determinar qué es lo que volverá a la superficie y qué no debería estar en la superficie.

iv. Trate de no permitir más de tres objetos en cualquier mesa. Cualquier cosa más que eso constituirá un desorden. Si es un objeto esencial, colóquelo en un estante o en cualquier otro lugar cercano. Permita que las superficies permanezcan tan claras como sea posible hasta que el hábito se adhiera.

v. Se pueden añadir hasta dos artículos adicionales por su valor estético en estas superficies. Estos servirán para complementar la superficie y evitar que se vea demasiado desnuda o aburrida.

Una cosa es conseguir una superficie clara y otra cosa es mantenerla limpia. Mucha gente limpia las superficies todos los días, pero antes de que acabe el día vuelven a estar como al principio. Estos consejos le ayudarán a mantener sus superficies limpias por un período de tiempo más largo.

- **Deje sus cosas en el suelo cuando llegue a hogar.** Es un instinto básico dejar caer las cosas que vienen con usted en una habitación sobre una superficie limpia y clara. Es relajante quitar el peso de sus manos y colocarlo en una mesa o mostrador transparente. Luego se sientan allí durante horas o días, descuidados porque no están en tu camino. La regla más importante es no conseguir nada en la superficie en primer lugar, colocar esos elementos en el suelo y una vez que te hacen viajar dos veces, usted estará ansioso por finalmente ponerlos en su lugar designado. Puede parecer demasiado extremo para ti, pero el minimalismo tiene que ser extremo a veces, especialmente si eres una persona que se siente cómoda con el desorden. Disciplínese contra el desorden. Con el tiempo, notará un cambio de actitud que le obliga a organizar en todo momento cualquier cosa con la que regrese a hogar.

- **Limpie las superficies al menos dos veces por semana.** Limpiar las superficies hacia abajo llama la atención sobre el desorden que crece en ellas. A medida que se limpie, guarde lo que no deba estar en la superficie y aparte todo lo que se interponga en el camino de su limpieza. Deseche cualquier basura o pedazo inútil de chatarra y devuelva la superficie a su gloria inicial. Haga esto al menos dos veces por semana.

- **No dejes nada para después.** Cuando este en el proceso de limpiar cosas, puede ser tentador decirte a ti mismo que vas a terminar con ciertas tareas más tarde. No lo hagas. No lo hagas. Si ha terminado de doblar la ropa, envíela al armario inmediatamente. No los dejes en la mesa de planchar. Estabas leyendo un libro en la mesa del comedor cuando te diste cuenta de que tenías que recoger a los niños de la escuela. Envía ese libro a la estantería antes de salir de hogar. Esta es una de las principales claves para dejar las superficies tan claras como deberían ser. Adopte el hábito de guardar las cosas tan pronto como termine con ellas. Una vez que te acostumbras a esto, la hogar casi se limpia sola.

- **Evitar la acumulación de pequeños desórdenes.** Todos somos culpables de dejar que se acumule un "pequeño desorden" en nuestros hogares. Se nota que crece, pero nunca se reconoce como un desorden hasta que un día se abren los ojos. Como su nombre lo indica, el pequeño desorden consiste en artículos más pequeños, como bolígrafos, clips o chucherías inútiles. Nos lleva un tiempo admitir que esto es un desorden porque los objetos son muy pequeños. Solo cuando se amontonan o se interponen continuamente en nuestro camino, empezamos a admitir lo obvio: es un desorden como la mayoría de las cosas.

- **Por último, no ignore la mayor superficie de su hogar**: el suelo. Es tan grande que rara vez nos damos cuenta si hay desorden en ella. Se puede alejar fácilmente hacia un lado y olvidamos que el desorden está ahí, especialmente porque está a nuestros pies. No se permita descuidar el piso de su hogar. Pronto su piso estará escondido bajo el desorden y usted tendrá que luchar para ir de la cocina al baño. Esto puede matar el entusiasmo y la productividad. Reserve el suelo para la alfombra, los pies y los muebles. ¡Retire todos los demás objetos!

5. Utilice pequeñas unidades de organización - Su hogar se beneficiará de un sistema de organización desarrollado para la disposición eficiente de las cosas. Estas pequeñas unidades organizativas consistirán en elementos que tienen un propósito relacionado. Estos artículos deben guardarse juntos en un lugar de almacenamiento específico, como cajones, contenedores o cajas. Esto hará que sea más fácil encontrarlos. Si necesita un par de tijeras, no tendrá que buscar en la caja de herramientas del garaje, sino en la pequeña caja de organización que contiene las herramientas de costura. Cuando esté buscando la unidad flash azul que contiene las fotos de graduación de su hijo, no tendrá que lanzar un grupo de búsqueda para encontrarla debajo de la cama. Estará en el cajón debajo de la mesa de la computadora. ¿No suena como el tipo de vida que quieres vivir?

Organizar sus pertenencias en unidades más pequeñas con funciones similares le ayuda a mantener un inventario de lo que posee, lo que necesita y lo que debe liberar. Es solo cuando reúnes toda la cinta adhesiva que tienes en un solo lugar que te das cuenta de que hay otros tres rollos de los que te has olvidado por completo. Esta técnica le ayudará a frenar la acumulación de materiales que pueden convertirse en un desorden si no se controlan.

Una vez que haya reunido todos estos suministros en sus diferentes grupos, es hora de tirar el exceso. Cinco martillos, siete pares de tijeras, diez juegos de cubiertos y todo esto para una familia de cuatro. ¿Realmente necesita todos estos artículos en su hogar? Reduzca el número de sus posesiones hasta que llegue a un número más razonable. Reclama tu espacio de todo este exceso. Revise estas colecciones y guarde solo los favoritos.

6. Dejar entrar una y dejar ir otra - El desorden puede resultar ser un proceso muy frustrante para las personas que no han aprendido a controlar la entrada de cosas en sus vidas. Usted podría haber hecho todo perfectamente, desde categorizar sus cosas y ponerlas en sus contenedores apropiados hasta mantener todas sus superficies despejadas, pero todavía puede encontrar que hay una falta de progreso. Todavía hay desorden en algunas partes de su hogar. Se preguntarán por qué es así. Piense en su hogar como un agujero y sostenga una pala, sacando arena del agujero. Excavas tan fuerte como puedes y exclamas con alegría una vez que ves que tu agujero es más grande que nunca, con más espacio del que podrías haber imaginado. Ahora imagínese a alguien más paleando más arena minutos después de que usted haya terminado. Pronto el agujero se llena de nuevo. Esto es lo que parece suceder cuando algunos de nosotros decaemos. Terminamos casi exactamente donde empezamos. Eliminamos el exceso, pero luego nos encontramos *todavía* con el exceso. No importa cuánta arena elimines si terminas llenándolo con más arena más tarde.

Para evitar que esto suceda, haga una cosa simple: cuando compre algo nuevo, deshágase de algo viejo. Por cada nuevo libro que llegue a su biblioteca personal, el menos favorito saldrá de la biblioteca. Es así de simple. Si un tazón de cerámica nuevo encuentra un espacio en el estante de la cocina, se debe regalar uno más viejo.

7. Establezca rutinas viables: En este punto, debido a la creciente excitación que viene con la imagen de un hogar destartalada, usted podría pensar que ha tenido todos los principios al alcance de la mano. Sí, hemos podido examinar a fondo algunas de ellas, pero no se detiene ahí. El desorden no es una actividad única en la que cuando terminamos, terminamos de por vida. El desorden siempre está esperando en su puerta preparándose para invadir nuevamente. Tiene que estar alerta constantemente. Es como una hierba. Puede cortarlo todo lo que quiera, pero hasta que se aborde la raíz, siempre volverá a levantar su fea cabeza. La raíz del desorden está en tus hábitos. Lo que diferencia a un minimalista de un no minimalista son los buenos hábitos. Para tener éxito en el minimalismo, debe cambiar los hábitos que rigen su vida cotidiana.

La vigilancia es la clave. Vivir intencionalmente. Recuerde siempre actuar como un guardián y proteger su hogar de los excesos. Permitan que estos principios se conviertan en una segunda naturaleza para ustedes hasta que ya no puedan existir en presencia del más mínimo desorden. Bloquee los anuncios innecesarios en su navegador si es materialista y se deja influenciar fácilmente por los anuncios. Pague sus deudas y permita que su mente se vuelva más libre. Cancele las suscripciones que ya no son necesarias para su empresa para que su correo pueda permanecer organizado.

Practique su proceso de desencofrado hasta que se vuelva casi perfecto. Usted puede decidir un enfoque de un día a la vez. Deshágase de un artículo cada día. No tomará mucho esfuerzo ni tiempo. Solo sé consistente con él hasta que lo domines y se convierta en parte de ti. Algún día descubrirá que tiene el deseo de deshacerse de más de un objeto. Una vez que su donación o caja de basura esté llena, envíela a su destino especificado.

Finalmente, fije metas de declinación en su diario para que sepa cuánto progreso está haciendo. Marque sus metas a medida que las alcanza como una forma de auto aliento y motivación. No olvide apreciarse a sí mismo por los esfuerzos realizados una vez que alcance un nuevo hito. Celebre su resistencia durante todo el proceso y su mente se encenderá para hacer más. Solo asegúrate de que te diviertes con el proceso. Véalo como un juego - un juego que es capaz de cambiar su vida.

Preguntas que debe hacerse antes de comprar cualquier cosa

Mucha gente en este mundo moderno solo está tratando de ganar más dinero para poder comprar más cosas. Y algunos otros incluso están tratando de pagar la deuda que acumularon la última vez que derrocharon. No te enredes en esta forma de vida. Es un ciclo que nunca termina. Para asegurarse de que esto no ocurra, hágase las siguientes preguntas cada vez que sienta la necesidad de comprar algo:

1. **¿Estoy equipado financieramente para esta compra?**
Aquí es donde comienza. Si no tiene el dinero para la compra, ¿por qué lo está considerando en primer lugar? Considere la deuda que esto podría ponerle. Y considere a lo que está renunciando al comprar este producto. Si compras esto ahora, significa que no puedes comprar otra cosa en el futuro. ¿Esto lo llevará a saltarse una comida o a tener que vivir sin un producto más esencial?

2. **¿Necesito esto o solo lo compro porque está en oferta?**
Las compras por impulso son uno de los mayores asesinos del minimalismo y uno de los mayores imanes del desorden. Una necesidad genuina surgirá una y otra vez. Si no lo hace, entonces usted puede prescindir del artículo que satisface esa necesidad. Asegúrese de que todas sus compras sean planificadas y no solo una

decisión improvisada. No se limite a comprarla tan pronto como la desee; dese tiempo para evaluar su situación y presupuesto por completo. Si lo estás comprando por una razón válida y es una compra necesaria, lo sabrás.

3. **¿Tengo ya algo similar a esto o puedo alquilarlo fácilmente?**
Antes de salir corriendo a comprar algo nuevo, comprueba que no tienes algo similar en hogar. Encontrará que algunos artículos de su hogar pueden ser reutilizados. En lugar de salir a comprar recipientes nuevos, ¿por qué no usar los más viejos que se pueden lavar y reutilizar? Si necesita una herramienta eléctrica para llevar a cabo un proyecto, puede alquilarla o pedirla prestada a un vecino en lugar de comprar una herramienta completamente nueva que probablemente solo se utilizará una vez cada seis meses. Al alquilar o reutilizar, usted se ahorra mucho dinero.

4. **Si no compro un producto de mayor calidad, ¿cuál es la probabilidad de que tenga que reemplazarlo?**
La "calidad sobre la cantidad" debería ser uno de sus mantras. La calidad del producto debe ser su mayor prioridad porque si usted termina con algo de calidad inferior, tendrá que desembolsar dinero para otro muy pronto. ¿Por qué no te ahorras el estrés y compras algo que dure mucho más tiempo? Pregúntate a ti mismo: "¿La calidad vale la pena el precio?" Tal vez usted quiere conseguir un nuevo conjunto de tapicería y se da cuenta de que las puntadas ya se están desabrochando en un lado. Antes de gastar todo su dinero, considere usarlo para obtener algo más duradero. Es pura alegría ver que un artículo que compró hace años sigue cumpliendo su propósito con poco o ningún desgaste.

La estrategia de la lista de deseos de 30 días

Una forma de hacer frente a compras innecesarias es emplear la estrategia de la lista de deseos de 30 días. El método aquí es simple:

cada vez que sienta la necesidad de comprar algo, escriba el nombre de ese artículo en una lista. Esta lista puede estar en cualquier lugar: su teléfono, su diario o incluso una nota en el refrigerador. Cada vez que anote un elemento, anote junto a él la fecha. Esto servirá como un registro de sus impulsos de gasto y el día en que sintió cada uno de ellos. Lo que vas a hacer es esperar al menos 30 días antes de considerar comprar este artículo. Esto le dará mucho tiempo para investigar el artículo y para ver si todavía lo quiere después de que haya pasado mucho tiempo. Para compras más costosas, considere estirar 30 días a un período de tiempo más largo. Si usted decide que todavía quiere el artículo después de 30 días o más, y está seguro de que no posee ya un artículo similar, entonces siga adelante y cómprelo.

Capítulo Cuatro - Libérese Del Desorden Emocional Y Mental

Un mensaje corto del Autor:

¡Hey! Siento interrumpir. Solo quería saber si estás disfrutando del audiolibro *título del libro*. ¡Me encantaría escuchar sus comentarios!

Muchos lectores y oyentes no saben lo difíciles que son las críticas y lo mucho que ayudan a un autor.

Así que estaría increíblemente agradecido si pudieras tomarte solo 60 segundos para dejar un comentario rápido en Audible, ¡incluso si es solo una o dos frases!

Y no te preocupes, no interrumpirá este audiolibro.

Para ello, solo tienes que hacer clic en los 3 puntos de la esquina superior derecha de la pantalla dentro de la aplicación Audible y pulsar el botón "Evaluar y revisar".

Esto le llevará a la página de "evaluación y revisión" donde podrá introducir su clasificación por estrellas y luego escribir una o dos frases sobre el audiolibro.

¡Es así de simple!

Espero con interés leer su reseña. ¡Déjeme un pequeño mensaje ya que yo personalmente leo cada crítica!

Ahora te guiaré a través del proceso mientras lo haces.

Solo tienes que desbloquear el teléfono, hacer clic en los 3 puntos de la esquina superior derecha de la pantalla y pulsar el botón "Evaluar y Revisar".

¡Introduzca su clasificación por estrellas y listo! Eso es todo lo que necesita hacer.

Le daré otros 10 segundos para que termines de compartir sus pensamientos.

----- Espere10 segundos -----

Muchas gracias por tomarse el tiempo para dejar una breve reseña de Audible.

Estoy muy agradecido ya que su revisión realmente marca una diferencia para mí.

Ahora volvamos a la programación establecida.

Manejamos varias maneras en las que podemos cuidar el desorden físico, pero el desorden no termina ahí. El desorden también ocurre en nuestra mente. Cuando las personas se quejan de inestabilidad emocional o depresión, es simplemente por el desorden emocional. Han ignorado el foco principal de la existencia y han comenzado a perseguir las cosas sin sentido en la vida - cosas que solo obstruyen la mente y no llevan a ninguna parte.

Los componentes básicos de la mente son los pensamientos. Una vez que nuestros pensamientos han sido manejados, entonces el desorden mental puede ser tratado. Estos pensamientos pueden ser positivos, negativos o neutrales y así como su hogar está llena de posesiones, su mente también puede estar llena de pensamientos. Si son pensamientos positivos, entonces usted está en el lado seguro. Pero ese no suele ser el caso. Desafortunadamente no es tan fácil lidiar con el desorden mental y emocional como lo es lidiar con el desorden físico. No puede simplemente descartar un pensamiento y esperar que no regrese. No funciona de esa manera.

A veces parece que estos pensamientos tienen mecanismos y mentes propias, y a veces pueden controlarte. El pensamiento constructivo es necesario para ayudar con la resolución de problemas, análisis, toma de decisiones y planificación, pero a pesar de todo esto, la mente puede producir negatividad de la nada. Esto forma una distracción interna del mundo físico que te rodea. ¿Alguna vez se ha encontrado con alguien en el metro que haya pasado su parada designada solo porque estaba en lo más profundo de sus pensamientos? Eso significa un peligroso desorden emocional. Poco a poco van perdiendo contacto con el mundo físico. Estos pensamientos negativos surgen en su mayoría como resultado de asumir que mientras más duro pienses en tus problemas, más fácil será para ti salir de ellos. Por supuesto, sabemos perfectamente que se trata de una ideología defectuosa, pero nos aferramos a ella. ¿Por qué? Es porque estos pensamientos ya han creado una fortaleza en la mente. Pronto descubres que has estado atrapado en un bucle constante de pensamiento arrepentido sobre tu pasado y ansiedad por el futuro.

Estos pensamientos se convierten en una parte tan integral de tu mente que empiezas a pensar que no hay nada que se pueda hacer al respecto. No puede apagar su cerebro y hacer que deje de procesar algunos pensamientos. Los pensamientos negativos son como un virus en una computadora. Puede reiniciar el sistema y sigue ahí cuando lo enciende de nuevo. Puede dormir, despertarse de nuevo, y sus pensamientos continuarán molestándolo. Tiene que lidiar con ellos antes de arruinarte la semana.

Todos tus pensamientos pueden estar inconscientes, pero puedes manejarlos practicando la intencionalidad. Tienes mucho más control sobre tu mente de lo que crees. Solo tienes que estar dispuesto a ejercer ese control. Una vez que hayas manejado tu desorden emocional, descubrirás una inmensa cantidad de creatividad e inspiración que te espera, escondida bajo todo ese desorden.

Factores que facilitan el desorden mental

Antes de empezar a tratar de lidiar con el desorden mental y emocional, es necesario que abordemos el problema de raíz. ¿De dónde emana todo este desorden?

- **Estrés**

El estrés puede fácilmente abrumarlo y dominar su motivación para vivir. El estrés está asociado con una variedad de problemas mentales como la depresión, la ansiedad y los ataques de pánico. Cuando se combina con preocupaciones, pensamientos negativos y otras preocupaciones que agobian nuestra vida diaria, el problema solo se multiplica. El sueño se ve afectado. Los problemas de control de la ira pueden aparecer. Los dolores de cabeza y de pecho están a la orden del día.

El estrés puede manifestarse de varias maneras, por ejemplo, en un ambiente de trabajo tóxico, violencia doméstica en el hogar o incluso en un niño problemático. Las cosas resultan ser tan complicadas e intensas que su mente pierde la capacidad de controlarse.

- **Un exceso de objetos de material**

Hemos tratado este tema en un capítulo anterior. Una vez que su vida y su hogar se obstruyen y se llenan demasiado de cosas, su mente comienza a sufrir. En la era moderna, estamos tan ansiosos de llenar nuestras hogares con posesiones inútiles que no tienen valor real y que pueden ser abandonadas. Todo esto contribuye al consumo de tiempo, se convierte en una fuga financiera y provoca ansiedad.

Las personas que se ven impulsadas a vivir sus vidas en base a la cantidad de posesiones físicas que poseen siempre están en el lado competitivo. Nada es suficiente para ellos. Siempre querrán mantenerse al día con las últimas tendencias sin importar lo que les cueste financiera o emocionalmente. Limpiar su vida de estas cosas en última instancia ayudará a frenar los efectos del pensamiento negativo y la ansiedad.

- **Una letanía de opciones**

Demasiadas opciones y variedad pueden llevar sutilmente a la depresión y la ansiedad. Al principio puede parecer la vida perfecta, tener un montón de opciones para decidir, pero con un análisis más detallado descubrirá la calidad no deseable de la misma. Lo que debería ser una decisión que se puede tomar en cuestión de segundos conducirá a días de agonizante contemplación. Una letanía de opciones es agotadora y estresante.

Prácticas que debe conocer para ayudarle a lidiar con el desorden mental

1. Meditación

Ciertos conceptos erróneos pueden disuadirte de practicar la meditación. La verdad es que no tienes que ser un monje budista, un psíquico o incluso una bruja certificada para practicar la meditación. No se asuste por las historias que escuchas sobre los habitantes de las cuevas que meditan durante meses a la vez. Hay niveles de meditación, y en este punto, solo vamos a abordar los niveles básicos de la misma. La meditación no pertenece a personas de cierta fe religiosa o inclinación espiritual.

Lo único es que la meditación y la razón para realizarla varían de un meditador a otro. Para este capítulo, la meditación será considerada una herramienta para ayudarte a controlar tu mente y tus pensamientos. Puede practicar la meditación en cualquier lugar que le apetezca. Usted no necesita necesariamente un ambiente tranquilo, pero debe ser capaz de lograr esa tranquilidad en el interior. De esa manera, será más fácil para ti ordenar tus pensamientos y escoger aquellos que deberían ser desechados. Los beneficios de la práctica de la meditación son numerosos, tanto para su bienestar físico como para el lado emocional de su vida.

El punto principal es practicar la meditación consistentemente. No se pueden cosechar todos sus beneficios sin una práctica constante. Comprométase a practicar la meditación a una hora programada todos los días. De esta manera, mejorará su capacidad para controlar los mecanismos de su mente y ponerlos bajo control.

La meditación no tiene que tomar mucho tiempo. Todo lo que tienes que hacer es encontrar un lugar y quedarte quieto. Establezca una hora específica todos los días en la que llevará a cabo su meditación y se apegará a ella. No elijas una posición demasiado cómoda para no quedarte dormido mientras meditas. Apague todos los dispositivos digitales capaces de producir ruido o cualquier distracción. Trate de calcular el tiempo usted mismo para saber cuándo ha hecho lo suficiente. Para los principiantes, cinco minutos son suficientes para meditar eficazmente.

 Asegúrese de estar listo para el proceso, y nada más lo distraerá. Durante los próximos cinco minutos, concéntrese en su respiración. Cuente el número de respiraciones que hace dentro y fuera de su cuerpo. Observe cómo el aire lo abandona y regresa a las fosas nasales. Observe la elevación y la caída de su región torácica. Permita que su respiración fluya naturalmente; no trate de controlarla. Esto le ayudará a concentrarse. Al principio, es posible que tenga problemas para mantener la concentración, pero intente volver a prestar atención a la respiración cada vez que lo haga.

Cierre los ojos para evitar distracciones visuales. La meta de la meditación es cerrar los pensamientos de tu mente. Al concentrarse en la respiración, usted está desviando la atención de cualquier cosa que le cause estrés. Ondea los negativos y guarda los positivos para que puedas rumiar sobre ellos cuando llegue el momento.

2. **Lidiar con los pensamientos negativos**

Muchas personas pasan por la vida todos los días con pensamientos negativos flotando en la superficie de sus mentes. Se han convertido en víctimas de una inundación mental y si no se les presta atención, pueden ahogarse. Las voces negativas en sus cabezas hablan más y más fuerte hasta que no pueden oírse a sí mismos. A esta forma de negatividad se le puede dar fuerza y una fortaleza en la mente si no es desafiada en la etapa inicial.

El primer paso es notar estos pensamientos antes de que se salgan de control. Fíjese en el patrón con el que operan en su mente. Usted puede emplear estas estrategias para su beneficio:

a. **Esté atento**

No siempre necesita tener una reacción emocional a todos sus pensamientos. A veces debería salir de la escena y convertirte en espectador. Observe lo que sucede en su mente. Noten cómo sus pensamientos interactúan entre sí. No juzgue ninguno de estos pensamientos de manera negativa o positiva. Solo siéntese y observe.

b. **Vea sus pensamientos por lo que realmente son**

Aunque son lo suficientemente poderosos como para alterar facetas enteras de su vida, entienda que estos son pensamientos y nada más.

No son reales por el momento, pero tienen la capacidad de volverse reales si no los manejas.

c. Poner un control de carretera

Uste es dueño de su mente, ¿verdad? Deben poder determinar qué entra, qué se queda y qué sale. Cada vez que te encuentres en un estado mental que te haga sentir incómodo, aprende a regañarte y a detener la reacción. Puede expresar su negativa a pensar esos pensamientos. Diga: "Me niego a ser atrapado por pensamientos negativos en esta red de distracciones". Construya muros alrededor de su mente, fortalezas que le servirán para protegerse cuando llegue el momento.

d. Conozca las causas

Cada pensamiento negativo en su mente es causado o desencadenado por un cierto factor. Puede ser una persona, otro pensamiento, una situación o incluso un estado físico. La próxima vez que te encuentres revolcándote en estos pensamientos, tómate el tiempo para averiguar qué fue lo que desencadenó los pensamientos. Lo más probable es que estén ahí tirados esperando a ser descubiertos y tratados.

Anote los principales desencadenantes que le vienen a la mente. Reflexione un rato sobre ellos y vea si puede encontrar alguna solución para ellos. Si es algo que puedes resolver por ti mismo, como la reconciliación de una relación arruinada o trabajar en tus propios defectos, entonces sigue adelante y lidia con estos pensamientos. Si descubres que no tienes poder sobre la situación en cuestión, como la incapacidad de viajar debido al mal tiempo o a un aborto espontáneo, decide ser feliz a pesar de todo. No causaste nada de esto, así que no hay necesidad de sentirte mal por ello.

e. Ocupa tu mente

Cada día que despiertas, te despiertas con la mente clara, una tabula rasa. Si la dejas vacía, la mente tiene una manera de crear algo que hacer por sí misma. ¿Alguna vez has notado cómo tu mente nunca está vacía, cómo en cada momento estás siempre rumiando y considerando un problema? La mente solo está inactiva cuando estás dormido, y eso si no se ve abrumada por los sueños. Así que una vez que despiertes, dale a tu mente algo creativo que hacer. Enfoque su poder mental en proyectos importantes que le ayudarán a alcanzar una meta a largo plazo. Date algo positivo de qué preocuparte, como cómo puedes obtener un doctorado. Si se encuentra atrapado en el tráfico, tome un libro, lea o busque una charla TED perspicaz y escúchela.

f. Someta su mente bajo su control

Usted es el jefe aquí. Su mente le pertenece, y nunca debe renunciar al control. Nunca dejes que pase a través de los pensamientos que no quieres procesar. Mantenga su mente bajo control para que cada vez esté satisfecho con el resultado que produce. Usted puede lograr esto practicando lo siguiente:

g. Identifique los pensamientos equivocados y reemplácelos: Los pensamientos equivocados son fáciles de identificar; pueden ser vistos a kilómetros de distancia. Una vez que tu mente comienza a procesarlas, notas que cierto tipo de peso se cierne sobre ti. Y son en su mayoría exagerados. Es curioso, los pensamientos equivocados son muy agradables de sostener. Acabas de perder tu trabajo a los 50 años y empiezas a pensar: "Soy un fracaso total. ¿Puede salir algo bueno de mí?" Sabes que no deberías estar pensando de esa manera, pero parece muy cómodo vivir en ese estado de ánimo. ¿Por qué? Bueno, nadie tiene pensamientos positivos después de una mala experiencia. Si examinan ese pensamiento de cerca y con veracidad, descubrirán que no es del todo cierto. Alguien en algún lugar te admira por lo que eres, independientemente de tu estado financiero actual.

En lugar de mantenerte en ese estado, ¿por qué no desafiar tus pensamientos negativos con pensamientos positivos? Asegúrate de que no eres un fracasado o un perdedor. Pensar que lo eres no te convertirá automáticamente en un éxito. Cuántas veces has ido a una entrevista de trabajo y uno de los entrevistadores dice: "Bueno, parece que siempre te has considerado un fracaso. Vamos a darte el trabajo para ayudarte a dejar de verte de esa manera". Eso no sucede. De hecho, las personas que engendran pensamientos negativos son siempre repulsivas para los demás. Por cada persona que ha dado un comentario negativo sobre usted o su trabajo, hay unos diez comentarios positivos más. Entonces, ¿por qué permites que ese comentario estropee tu estado de ánimo y corrompa tus otros pensamientos?

h. Acepte la situación, pero no se sienta cómodo con ella.

¿Qué haces cuando los pensamientos negativos que giran alrededor de tu mente son ciertos? ¿Cómo será capaz de hacer frente a la situación que desencadena estos pensamientos negativos? Es difícil desafiar los pensamientos negativos con positividad cuando la verdad te mira fijamente. Acaba de perder su hogar y toda su propiedad por el fuego. Sus calificaciones se están agotando y, a este ritmo, probablemente no se graduará.

Estos son pensamientos negativos sobre situaciones que no pueden ser eliminadas, pero usted puede reducir el efecto que tienen en su mente aceptando la situación en cuestión, no los pensamientos. Sucedió, y no hay nada que puedas hacer sobre el pasado, pero puedes cambiar el futuro. No empiece a alimentar la culpa por su descuido, ni siga diciendo que las cosas podrían haber sido mejor. Solo está haciendo que su cabeza se empañe y atasque sus emociones. En este punto, su mejor apuesta para una solución es encontrar la paz mental.

Aceptar la situación le ayudará a identificar maneras de mejorar o resolver el problema en cuestión. Siempre hay un lado positivo, no importa cuán oscuro sea, y solo puede ser identificado con una mente clara.

i. Tome las medidas necesarias

La preocupación y la estrategia son dos cosas diferentes. Preocuparse es más fácil, pero sus resultados pueden ser perjudiciales para usted. La estrategia requiere energía mental que la mayoría de nosotros no estamos dispuestos a sacrificar. La verdad es que la preocupación no te lleva a ninguna parte; es mejor que emplees una estrategia. La desventaja de preocuparse es que se gasta tanta energía produciendo pensamientos negativos y nunca se llega a una solución. Toda la energía que gastó en preocuparse podría haber sido destinada a la elaboración de estrategias, y tal vez su problema ya estaría resuelto.

Identifique sus valores fundamentales

Un gran desafío al que se enfrentan las personas de esta edad es la incapacidad de identificar lo que es verdaderamente importante para su existencia. En nuestro mundo de hoy, hay tantas distracciones que nos quitan lo que necesitamos. Somos bombardeados por el marketing y los mensajes sin sentido, y rara vez vamos hacia adentro, conectándonos con nuestra voz interior. Estas cosas pueden convertirse en una sobrecarga tal que el proceso de priorizar nuestros valores se convierte en una tarea importante. Esto hace que sea muy necesario reevaluar lo que es más importante para nosotros cada día que pasa. Superar todo el ruido de la sociedad definiendo sus valores fundamentales.

Identificar sus valores fundamentales es una manera segura de ayudarle a combatir el desorden, tanto física como mentalmente. Estos principios lo ayudarán a gastar tiempo, energía y dinero haciendo las cosas que le ayudarán a largo plazo. La presencia de valores fundamentales le permite mantener la concentración. Es más fácil detectar distracciones. Muchas de las personas con mayores logros de nuestra era son personas que han identificado sus valores fundamentales. Una vez, durante una entrevista, Steve Jobs declaró que mantenía su guardarropa aerodinámico hasta simples cuellos de tortuga negros, jeans azules y zapatillas New Balance. ¿Por qué? Para que sus decisiones de vestuario no le quitaran mucho cerebro y pudiera concentrarse en lo que realmente importaba. Esa respuesta refleja la mentalidad de alguien que ha identificado sus valores fundamentales. Trate de imaginarse lo organizado y minimalista que probablemente se veía su armario.

Cómo identificar sus valores fundamentales

Los valores centrales no se seleccionan, sino que se descubren o revelan. Es fácil decir que la aptitud física es uno de sus valores fundamentales, pero ¿cuándo fue la última vez que hizo ejercicio?

Decidir sobre sus valores centrales puede ser una tarea desalentadora, pero lo que descubra sobre sí mismo le ayudará. En caso de que no estés familiarizado con el terreno de los valores fundamentales, vamos a repasar algunas listas e identificar algunos valores que te atraen. A partir de ahí, usted puede hacerlos más eficientes y convertirlos en sus opciones perfectas. Esto puede ayudarle a identificar sus valores fundamentales:

a.   **Sus mejores experiencias**

¿Qué considera un momento muy importante en su vida? ¿Qué es lo que hace que ese momento destaque para usted? ¿Qué sintió ese mismo momento? ¿Qué valores entraron en juego para hacer de este momento un momento muy importante?

b.   Valores suprimidos

Esto es lo opuesto al primero. Aquí, considere los valores que se cruzaron a través de usted cuando estaba más enojado e irritado. ¿Qué te enojó durante esos momentos? Esos son sus valores suprimidos. Parece que nunca vuelven la cabeza, pero siguen siendo tan relevantes como siempre.

c.   Lluvia de ideas

La lluvia de ideas implica más bien una búsqueda general. Te haces preguntas que solo tú puedes responder. Escoja un bolígrafo y un bloc de notas y responda a estas preguntas:

- ¿Qué valores en otros me atraen más?
- ¿Qué es lo que más me motiva en la vida?
- ¿Qué es lo que más admiro de mí mismo?
- ¿Cuál es una virtud que nunca quiero perder?

Mientras respondes estas preguntas, seguramente encontrarás momentos de claridad y comprensión y encontrarás tus valores fundamentales esperando al otro lado de la reflexión.

d.   Pregúntale a la gente que te rodea

A veces las personas que te rodean notan cosas que podrías ignorar sobre ti. Por ejemplo, alguien que es ordenado u organizado puede no entender necesariamente cuán ordenado u organizado es hasta que la gente lo señala y lo elogia por ello. Es como usar una marca de colonia en particular durante años. Pronto la fragancia se mezcla naturalmente con la nariz y los nervios olfativos no interpretan el olor porque lo han estado haciendo durante mucho tiempo. Hasta el día en que alguien se lo indique, es posible que nunca entienda lo mucho que se ha convertido en parte de ti.

Sus valores centrales son así. La gente ve sus valores incluso antes de que los note, por lo que sus opiniones pueden ser muy necesarias para ayudarlo a identificarlos. Busque a las personas inteligentes y observantes a su alrededor y pídales que lo definan y lo que creen que representa. Te sorprenderán las respuestas que recibas. No hay forma de que no pueda identificar sus valores fundamentales después de seguir estos pasos.

Todo lo que necesita saber acerca de cómo declarar sus relaciones

Necesitas gente en tu vida, pero a veces pueden ser grandes obstáculos. Una vez que sus relaciones comienzan a tambalearse, un desequilibrio se establece y pronto, usted es vencido por la angustia. La dolorosa pregunta: "¿En quién puedo confiar?" comienza a perseguirte.

Un dicho popular dice: "No estamos de acuerdo en estar de acuerdo". Los malentendidos y las reconciliaciones son algunos de los bloques que construyen y fortalecen una relación. Pero cuando estas interacciones lo dejan constantemente agotado y emocionalmente agotado, entonces ya es hora de que intente reparar los puentes rotos o eliminar a la otra parte de su vida.

Nunca entenderás la importancia de tener relaciones saludables hasta que trates de imaginar una vida sin ninguna forma de ansiedad relacionada con las personas que la habitan. Las personas más productivas son aquellas que han creado un equilibrio perfecto en cada relación, ya sea con su cónyuge, hijos, jefes o incluso con la persona que los acompaña en el tren.

El desorden en las relaciones puede acumularse en una variedad de formas, tales como discusiones de menor importancia, malicia, odio, envidia, celos y cosas por el estilo. Una vez que ganan suficiente terreno, te atascan la mente. Piense en la última vez que se sintió molesto por su mejor amigo, o cuando envidiaba tanto a alguien que podía saborear el descaro en su propia garganta. Piensa en lo apesadumbrado que se sintió tu corazón en esos momentos. Luego trate de recordar el sentimiento que tuvo cuando hubo un abrazo de reconciliación. ¿Puedes sentir cuán ligero era tu corazón en ese momento y las respiraciones profundas que tomaste después? Esa es la belleza de una mente decadente. El espacio se crea instantáneamente para algo más, algo que vale la pena.

No se trata solo de tener relaciones, sino de tener relaciones de calidad. Aquí hay otro dicho: "Es mejor hacer un verdadero amigo en mil años que hacer mil falsos conocidos en un año." La belleza de las relaciones no está en la cantidad sino en la calidad. Los ingredientes que componen una gran amistad incluyen:

- Intereses compartidos
- Respeto mutuo y confianza
- Comprensión y aceptación
- Apertura y honestidad
- Resolución saludable de conflictos

Crear relaciones es necesario para su existencia y es por eso por lo que es esencial que se tome su tiempo para elegir las relaciones en las que debe invertir. La razón principal por la que la pérdida de una relación duele tanto es por nuestra inversión emocional.

Para empezar, trabaje en sus relaciones. Empieza por ti mismo. Dicen: "Si quieres cambiar el mundo, empieza por ti mismo". Si quieres cambiar tus relaciones, debes empezar por ti mismo. Puede ser tan obvio y evidente que la otra persona en la relación también necesita hacer un cambio, pero ignore ese hecho y comience con su propio cambio. Le ayudará a sanar y a eliminar todo el desorden. Después de todo, usted no puede cambiar a los demás, excepto si ellos aceptan cambiarse a sí mismos o ser cambiados. Estas estrategias le ayudarán a construir relaciones más saludables:

1. INVIERTA EN SI MISMO (SU TIEMPO Y PRESENCIA)

Una vez vi a alguien colgar una foto de un amigo y ponerle un título: "Gracias por estar allí. Feliz cumpleaños." Era la primera vez que veía un mensaje tan corto en un mensaje de cumpleaños, pero era muy profundo. Esa palabra "allí" significaba mucho para la persona que había publicado la foto. Pero ¿qué quiso decir exactamente con "allí"?

"Allí" significa presencia y tiempo. Ese amigo estaba disponible cuando más lo necesitaban. Ese tipo de amigos son difíciles de ignorar u olvidar. Se ponen a disposición durante los momentos más oscuros de nuestras vidas. Están presentes cuando importa. ¿Qué tan presente estás en tus relaciones? ¿Cuánto de ti has invertido? Aquí le mostramos cómo invertir en una relación:

1. Preste atención

¿Cómo te sientes cuando alguien no está prestando atención a algo importante que estás diciendo? ¿Cómo se siente cuando sabes que no están escuchando algo que significa mucho para ti? Es desalentador en el mejor de los casos, y las posibilidades de que alguna vez quieras compartir una conversación con ellos son muy escasas. La verdad, por más amarga que parezca, es que probablemente también lo haya hecho, intencionalmente o no.

Esto sucede principalmente debido a las numerosas distracciones en la mente que tienden a monopolizar su atención. Esto hace que usted se concentre más en la multitud en su mente que en la persona que le está hablando. Aun así, eso no es excusa. Prestar atención es la voluntad de salir de todas esas distracciones y escuchar, no solo escuchar. Absorba al orador y sus palabras para que se sienta seguro y cómodo hablando con usted. Hágalo todo sobre la otra persona y lo que está diciendo. Haga que cada gesto cuente y trate de no parecer distraído. Estos consejos le ayudarán:

- Permita que el orador domine la conversación hasta que le pida su opinión.
- Evite interrupciones innecesarias, excepto si tiene algo realmente importante que decir.
- Escuche la historia completa antes de sacar conclusiones precipitadas.
- Mantenga sus gestos y expresiones faciales lo más neutrales posible.

Prestar atención puede parecer unilateral, como si el hablante es el único que se beneficia durante la interacción, pero aprender a escuchar y callar el ruido en su mente es un gran beneficio para usted. De hecho, es una forma de ayudarlo a despejar su mente y estar más presente.

a. Hable positivo y con ánimo

El idioma importa en cada conversación. No se apresure a derramar el contenido de su mente. Primero, sondearlos y anticipar una reacción antes de liberarlos. Los comentarios negativos son productos de pensamientos negativos y pueden ser perjudiciales para una relación.

Preste mucha atención a las cosas que dices durante una conversación. Puede parecer que no importa, pero la otra persona puede sentir de manera diferente. Reconozca que cada palabra es poderosa y puede crear un efecto diferente a lo que se pretendía. No digas: "Pero deberías saberlo, sobre todo con toda tu educación". Diga: "Fue un momento de aprendizaje para ti, y me alegra que hayas aprendido la lección". No digas: "Actuaste tan estúpidamente". Diga: "No creo que eso fuera lo correcto en ese momento". Habla con amor y compasión.

Dominar el arte de la comunicación compasiva hará que otros quieran hablar y relacionarse con usted. Resista la tentación de juzgar las acciones de otras personas. Póngase en su lugar y trate de entender por qué actúan de la manera en que lo hacen. Cuando domines el arte de ser amable en todas sus formas, las personas a tu alrededor reflejarán las mismas acciones, y tus relaciones florecerán aún más. Por supuesto, ya tienes una idea de lo bueno que será para tus emociones. Encontrarás paz en tu mundo interior, y se reflejará en el mundo que te rodea.

    b. Encuentre razones para amar

No importa lo mala que sea una persona, siempre hay una razón para amarla. Encuentra esa razón y aférrese a ella. Por supuesto, se nos ha dicho que amemos a la gente incondicionalmente, pero la naturaleza humana lo hace difícil de hacer. A veces es mejor encontrar razones para amarlos, incluso cuando parece que no deberían ser amados. Reducir los pensamientos negativos que tienes sobre las personas en tu vida puede mejorar significativamente tu relación con ellas.

Los estudios han demostrado que cuando pensamos positivamente en los demás, esto nos lleva a una mayor satisfacción en la vida, amabilidad hacia los demás en general, esperanza y entusiasmo para construir mejores relaciones. La forma en que usted decida practicar el arte del pensamiento positivo depende de usted. Puedes hacerlo meditando en su buen carácter, o puedes hacerlo diciendo cosas positivas sobre ellos. El objetivo de esta práctica es transformar su mente y declinar sus emociones.

    c. Elimine la comparación

La comparación es una prisión en la que mucha gente está encerrada. Compararse con los demás es una manera segura de evitar cualquier forma de progreso. Las comparaciones son terreno fértil para generar pensamientos negativos. "¿Soy lo suficientemente bueno?" "¿Tengo lo que se necesita para ser admirado como él o ella?" "¿Seré alguna vez tan atractiva?"

Estos pensamientos pueden acumularse y perder el control hasta que la baja autoestima tome el control de sus pensamientos. La mayoría de las veces, la comparación constante también puede llevar a un leve odio hacia la persona con la que se está comparando. Existe una alta posibilidad de que los veas como la razón de tu infelicidad, incluso cuando ésta es una acusación totalmente injusta. Y no hay manera de que puedas tener una relación saludable con alguien con quien te sientas así. Cada vez que los ves, algo se mueve dentro de ti. Su mente comienza a actuar de manera anormal.

Está en su propio viaje en la vida, y solo usted puede entender sus luchas. Esta es la razón por la que manejamos el tema de los valores fundamentales. Una persona que ha descubierto sus verdaderos valores fundamentales no puede ser afectada por comparaciones con otros porque ya tiene un enfoque. Los viajes de otras personas no les afectan.

No me malinterpreten, de vez en cuando las comparaciones pueden tener un giro positivo, y eso es algo que deben tener en cuenta. Use comparaciones para motivarse y trabaje más duro para ser una mejor persona. Las comparaciones pueden ayudarle a identificar los lugares de su vida que necesitan ser trabajados y mejorados. Pero cuando empiece a notar sus excesos, y tome un giro negativo, bájalo un poco. El esfuerzo mental involucrado en las comparaciones puede agotarlo. Nunca permita que crezca fuera de su control. Estos consejos pueden ayudarle a combatir la comparación:

- Acéptese a sí mismo

Ustedes son perfectos tal como son, no porque sean realmente perfectos, sino porque eligen creer que son perfectos. No puedes cambiar nada de ti mismo a menos que tengas cientos de dólares guardados en algún lugar para gastar en cirugía plástica. Buena suerte con eso y solo rezo para que no salgas con un aspecto más desordenado que antes.

En vez de luchar para cambiar quién eres, puedes hacer un trabajo rápido de aceptarte a ti mismo. Ninguna comparación o preocupación cambiará su identidad. La mayoría de las personas son más receptivas a las personas que se han aceptado a sí mismas por lo que son. La autoaceptación es la auto liberación y el auto empoderamiento.

- Mejorar lo que hay que mejorar

Cambia las cosas sobre ti mismo que pueden ser cambiadas. ¿Se siente inseguro acerca de su apariencia? Trabaja en tu vestuario o en tu peinado. ¿Has notado que más gente se siente atraída por alguien que sonríe? Luego trate de tener expresiones faciales más suaves. A veces, no importa cuánto lo intentes, es posible que nunca seas capaz de igualar a las personas con las que admiras y con las que te comparas. No te preocupes. Simplemente encuentre algo que lo haga excepcional y trabaja en ello. Sus valores fundamentales y las prioridades de su vida deben ser el factor principal para ayudarle a definir su vida. A veces nos atraen las cualidades de otros que no necesitamos. Tiene las piernas más largas. Entonces qué, ¿estás tratando de convertirte en un saltador de longitud? Eres escritor, así que las piernas más largas no deberían importarte. Concéntrese en sus puntos fuertes, en las cosas que lo hacen único. Alguien ahí fuera que ni siquiera conoces piensa que eres increíble gracias a ellos.

- Practique la gratitud

Hablé de esto en el capítulo tres, pero sigue siendo un consejo importante. Puedes olvidarte de sentir gratitud cuando te concentras demasiado en lo que tiene otra persona. Comienzas a ignorar las cosas hermosas que la vida te ha traído a tu camino, simplemente porque te estás perdiendo de otras pequeñas cosas.

La gratitud se trata de comprometerse con el lado positivo. Es un compromiso para crear alegría incluso cuando se siente que no hay ninguna. Hay cosas buenas en tu vida y nunca deben ser ignoradas. Concéntrese en ellos durante al menos tres a cinco minutos todos los días antes de acostarse o después de levantarse. Te aconsejo que hagas de la gratitud parte de tu rutina matutina, ya que es una gran manera de empezar el día, pero si tienes las mañanas ocupadas, una rutina de gratitud nocturna también funciona muy bien. Tómese un momento para pensar en lo bendecido que está. Puede ser sorprendentemente liberador.

2. **LIBÉRESE DE SU PASADO**

Llevar las cargas del pasado es una forma de evitar ver la luz en sus relaciones y en su vida en general. Usted puede haber estado en algunas relaciones tóxicas antes de ahora, pero hay un tiempo para dejar ir estos sentimientos persistentes. Es natural que la mente siga repitiendo escenarios y duela una y otra vez. Sin embargo, este proceso no debe tomar ninguna parte de nuestras vidas. Tener estos recuerdos una y otra vez puede crear pozos de ira, culpa y vergüenza. Estos pensamientos te mantienen atascado en el pasado, drenan la positividad en el presente y roban tu futuro. No solo desordenas tus emociones, sino que también aprisionas tu mente y obstaculizas su productividad.

Es difícil dejar ir el dolor del pasado, pero todavía se puede hacer. Mucha gente lo ha conseguido. Usted también puede. Los beneficios de dejar ir son enormes. No solo tendrás más positividad porque creas positividad, sino que también verás cosas más positivas en tu vida. ¿Por qué? Porque somos un imán para las circunstancias de nuestra vida. Exuda positividad y atraerá positividad. Entonces, paso uno, deja ir tu pasado. Pruebe los siguientes consejos:

a. Haga resoluciones y apéguese a ellas

La gente recibe una extraña cantidad de consuelo al regodearse en el dolor, pero siempre debemos resistir este impulso. No se resuelve nada. A veces las personas que sientes que han sido lastimadas no tienen idea de que alguna vez lo hicieron. Tome medidas y encuentre maneras de resolver cualquier problema que considere que necesita ser resuelto. Dedique tiempo para comunicarse con la persona y aclarar las cosas. No importa cuán fresco sea el dolor, debería tratar de hablar de las cosas en vez de soportar una carga inútil y obstruir tu mente.

No entre en el proceso de reconciliación con un corazón amargo. Esto solo dificultará el proceso de diálogo. La comunicación sana es primordial para que usted alcance una solución sensata; si no, su discusión puede ser hostil. La mayor parte del proceso implicará escuchar las quejas de la otra parte y comprender cómo se lastima. Habrá disculpas y un llamado al perdón, y luego una resolución final.

Mantenga una mente abierta mientras discute y resuelve los problemas. Cuando te concentras en tu dolor, tu perspectiva comienza a sentirse como el único ángulo verdadero, pero esto no es cierto en absoluto. Sea flexible y vea las cosas desde la perspectiva de otra persona. Ponte en el lugar de los demás. Hágase preguntas, tales como:

- ¿Qué hizo exactamente que esta persona se enojara y dijera lo que dijo?
- ¿Qué acciones o palabras suyas fueron malinterpretadas y tomadas de la manera equivocada?
- ¿Hay alguna posibilidad de que hayas interpretado mal la situación?

Sea lo suficientemente flexible para desafiar su propio punto de vista. La rigidez no te ayuda en tu empatía, solo se aferra a sus propias creencias, incluso cuando son incorrectas y poco útiles. Comprometer tu postura por el bien de tus amistades.

b. El perdón

Puede que nunca pidan perdón, pero perdonen de todos modos. Esto es por tu bien también, no solo por el de la otra persona. Cuantas más personas prometas no perdonar, más archivos y pestañas se abrirán en el navegador de tu mente. Imagina lo lento que sería tu ordenador si estuviera invertido en tantas cosas innecesarias como tu mente. ¡Es hora de cerrar algunas etapas! Aferrarse a toda esa basura solo te hace sufrir. ¡Libérate ahora!

Perdonar no significa que estás haciendo el tonto y permitiendo que alguien entre en tu vida y te lastime nuevamente. Perdonar es dejar ir todo el resentimiento y la ira para que ya no tengas veneno. El perdón es difícil de dar cuando la otra parte aún no se ha responsabilizado por sus acciones. Comprenda que están en un nivel inferior de comprensión y que no hay necesidad de inclinarse tan bajo o actuar en su nivel.

Capítulo Cinco - Los Secretos Del Minimalismo Financiero

Tan nuevo como le pueda parecer, el minimalismo financiero es un concepto real, y viene con beneficios reales. Algunos de nosotros podríamos haberlo practicado sin saber que estábamos siendo financieramente minimalistas. Mientras que la mayoría de nosotros nos enfocamos en la reducción de nuestras hogares y nuestro entorno físico, el minimalismo también puede aplicarse a la salud financiera. Todas las veces que te reprimiste de gastar extravagantemente, eso fue minimalismo financiero. Inscribirse en una economía sin dinero en efectivo es un minimalismo financiero.

El presupuesto, que es un aspecto importante del minimalismo financiero, le dará más claridad en sus gastos y le ayudará con sus prioridades financieras. El minimalismo financiero no se trata de gastar menos dinero, sino de gastar solo cuando sea necesario. Aboga contra el gasto siempre que te apetezca. El minimalismo financiero se trata de gastar intencionalmente, de mantener el control de cada centavo y de no dejar que ninguna cantidad se le escape de las manos.

Cómo el minimalismo puede ayudarle financieramente

1. El minimalismo financiero le ayuda a minimizar sus gastos

Con el minimalismo financiero, usted solo va a comprar los artículos o servicios que significan más para usted. Una vez que haya establecido sus prioridades de compra, naturalmente tendrá más control sobre sus hábitos de gasto. La manera en que usted gasta el dinero cambia cuando se enfoca en adquirir artículos específicos y no solo en vivir de improviso. Cuando usted gasta más intencionalmente, naturalmente comienza a ahorrar más dinero.

2. Menos exceso en su hogar

Una vez que usted es capaz de controlar sus gastos, usted controla automáticamente la acumulación de exceso en su vida. El minimalismo financiero le ayuda a mantener un registro de las cosas que ya posee para que no siga comprando lo mismo, creando desorden. Verás los resultados de tus gastos intencionales en el espacio en el que vives. Con el tiempo, se formará menos desorden y usted manejará su espacio mucho más fácilmente.

3. Le da más enfoque para sus metas financieras

El minimalismo financiero le ayuda a entender la importancia de un presupuesto financiero. Gastas con un plan, con un objetivo. La presupuestación ayuda a racionalizar sus gastos en función de sus necesidades actuales. También le ayudará a identificar las áreas en las que tiene que cambiar la forma en que maneja el dinero. Con menos dinero saliendo de sus cuentas, es mucho más fácil mantener sus metas financieras a la vista.

4. Libre de deudas

Una buena manera de simplificar su vida financiera es salir de deudas. De hecho, es difícil tener control sobre sus finanzas si todavía tiene muchas deudas. Las deudas pueden tener el mismo efecto en sus finanzas que el pensamiento negativo en su mente. Con el minimalismo financiero, será fácil para usted identificar los factores que conducen a la acumulación de deuda y abordarlos. Y, además, estará en una posición mucho mejor para pagar sus deudas ahora que está ahorrando más dinero gracias a su nuevo estilo de vida minimalista.

5. Dar se vuelve más fácil para usted

Cuando tiene más seguridad financiera, puede dar más sin restricciones. Gastas menos en ti mismo, por lo que puedes dar a otros cuando lo necesiten. Cuando practicas el minimalismo financiero, es más fácil para ti reconocer qué y cuánto puedes aportar. Mientras hace un presupuesto para el mes, puede reducir algunos gastos y donar el dinero extra en su lugar. De ese modo, lleva un registro de su dinero y sabe que no se desperdició nada.

Consejos minimalistas para ayudarle a lograr la libertad financiera

1. Identifique sus valores financieros

Usted debe saber las cosas que son importantes para usted cuando se trata de dinero. Será difícil para usted tener control sobre sus finanzas si aún no ha entendido sus valores. Tenga una idea clara de los hábitos de dinero en su vida que deben ser eliminados. Selecciona aquellos que necesitan ser adoptados y trabaja para asimilarlos a tus hábitos. Descubra cuáles son sus valores financieros y comience a racionalizar su presupuesto para que se adapte a ellos. Algunas prácticas que usted puede adoptar son:

- Nunca vivir por encima de tus posibilidades
- Eliminar la propensión a pedir préstamos
- Cumplir con un presupuesto
- Tener un fondo de emergencia

Con estas nuevas prácticas en su vida, le será más fácil eliminar lo que no es esencial entre sus gastos. Sus metas financieras se alcanzarán con menos estrés y la vida será aún más sencilla.

2. Tenga un fondo de emergencia

Tener un fondo de emergencia siempre es un salvavidas. La cantidad que usted deposite en él dependerá de cuánto gane, y no importa lo pequeño que sea su ingreso, asegúrese de que un porcentaje de él se destine al fondo de emergencia. Transfiera dinero a su fondo de emergencia y luego continúe con el resto del mes. No piense en ello como otra fuente de dinero para cuando quiera gastar. Como su nombre indica, está reservado para emergencias. Tiene que practicar una disciplina minuciosa si quieres tener éxito con ella. Siempre que tenga que sacarle provecho, asegúrese de agregarle más dinero más tarde para mantener un equilibrio razonable.

3. Utilice ayuda digital

Hay muchas aplicaciones fantásticas en la tienda de aplicaciones que te ayudarán a pagar tus facturas automáticamente sin causarte estrés. Todo lo que necesita es introducir su método de pago, la hora programada para el pago y la cantidad a pagar. Unos días antes de que se realice el pago, se le avisará de las deducciones recibidas. Algunas de estas aplicaciones también le ayudarán a llevar un registro de cuánto gastó en un servicio en particular durante un período de tiempo. Al hacer uso completo de estas aplicaciones, usted nunca tiene que preocuparse de hacer un pago a tiempo (¡y potencialmente crear deudas!), y usted ahorra un poco de tiempo cada mes.

4. Desarrolle un sistema de presupuestación que funcione y manténgalo

¿Quieres gastar menos de lo que gana? Entonces la solución es simple: necesita un presupuesto. El presupuesto le ayuda a administrar los gastos y nunca gasta más de lo que puede permitirse. Sin importar cuánto gane, el dinero que sale de sus manos cada mes nunca debe ser más de lo que entra; si lo es, corre el riesgo de tener más deudas. Suena como algo que todo el mundo debería poder hacer fácilmente, pero este no es el caso en absoluto.

Agrupe sus gastos en categorías para ayudarle a llevar un registro de cuánto gasta en cada categoría. Mantenga las categorías tan consolidadas como sea posible, para que la lista no crezca demasiado. Las categorías comunes incluyen servicios públicos, cuentas de teléfono, transporte, alquiler, comida y varios. El contenido de la lista variará de persona a persona debido a varias razones, pero deben compartir la igualdad racionalizada. Haga una lluvia de ideas y calcule cuánto gasta por mes en cada categoría y utilícela para crear su presupuesto final.

Una cosa es tener un presupuesto y otra cosa es atenerse a él. No cree un presupuesto con el fin de crear un presupuesto. Resista la tentación de sentarse y de repente sienta que todo va a salir bien. ¡Su trabajo no ha terminado! La disciplina debe atarlo a su presupuesto. Surgirán tentaciones e intentarán aflorar sus viejos hábitos, así que prepárense para esto. Mantenga su enfoque en sus valores financieros fundamentales y siempre tendrá éxito.

5. **Minimice la deuda**

En pocas palabras, "Deuda es dinero robado de tus ahorros futuros". Y quién dijo que viajar en el tiempo no era una cosa, cuando la gente se roba a sí misma cada día. Siempre puede encontrar la disciplina para evitar caer en deudas, sin importar lo apretada que pueda parecer la situación. Busque otras opciones. Cambie su mentalidad hacia la propiedad de cosas que usted puede permitirse en el momento presente, en lugar de comprar cosas a crédito e insistir en que se organizará más tarde. La paz mental que viene de no tener ninguna deuda es mucho más gratificante que la efímera subida que su compra impulsiva le dio.

6. **Encuentre mejores ofertas**

Siempre que necesite comprar algo, tómese su tiempo para investigar y encontrar las mejores ofertas. Puede tomar un poco de tiempo, pero el resultado final vale la pena. Seguirás recibiendo exactamente lo mismo, pero gastarás menos dinero. No se apresure a gastar los dólares que tanto le ha costado ganar solo porque pueda permitírselo. Ahorrar algo de dinero al encontrar la mejor oferta le dejará con más dinero después de la transacción. Puedes destinar esto a tus ahorros o comprar otra cosa que necesites. Te sorprenderá la cantidad de descuentos que se ofrecen. Solo tienes que encontrarlos. Y recuerde, aunque usted debe ir para el mejor reparto, cerciórese de que sigue siendo para un producto de alta o sobre el promedio de calidad.

7. **Deshágase de las distracciones**

Piense profundamente y trate de identificar todas las distracciones potenciales de su vida financieramente minimalista. ¿Cuáles son las tentaciones que te empujan a comprar cosas que no necesitas? Si estás suscrito a una tienda en particular que siempre te envía artículos convincentes que te llevan a comprar sus productos, entonces cancela la suscripción. Deje de seguir a los influyentes de las redes sociales que constantemente te tientan a comprar nuevos productos que no necesitas. Si hay algo o alguien en su vida que te hace sentir que su vida está incompleta, elimine a esa persona. No se arrepentirá y no será menor por ello. Con estas distracciones fuera del camino, finalmente usted puede concentrar toda su atención en hacer lo correcto según sus finanzas y su vida.

Capítulo Seis – Organización Avanzada En Su Hogar

Ahora es el momento de que pongas en práctica todas tus nuevas habilidades de la organización. En este capítulo, repasaremos las distintas habitaciones del hogar. Le daré algunos consejos sobre cómo deshacerse del exceso en estas habitaciones y derrotar el desorden al instante. Comience desde la habitación que le resulte más cómoda o la habitación con más desorden. Es tu decisión. Solo asegúrese de que realmente comienzas el proceso y te mantienes al día con él. No tiene que seguir el orden exacto que voy a detallar aquí. En este punto, los principios decadentes que estudiamos en el capítulo tres serán muy importantes. Utilícelos para guiarle a través del proceso de despeje de cada habitación. Los consejos en este capítulo serán solo los básicos.

Una guía de limpieza de habitación por habitación

1.   SALA DE ESTAR

Primero, visualice su sala de estar como usted quiera. Identifique los muebles que desea conservar y los que va a dejar. Descubra todas las cosas que deberían estar en los estantes y en los espacios de la superficie.

Luego, empiece a deshacerse de todas esas cosas que le impedirán a su sala de estar ser la sala de estar perfecta. Purgar los artículos innecesarios un día a la vez hará un impacto dramático y transformará su sala de estar en cuestión de días. Considere los valores que cada elemento aporta al ambiente general de la sala de estar. Hágase preguntas sobre cada artículo. ¿Los objetos decorativos realmente proporcionan la alegría y la satisfacción que se han atribuido a su presencia? ¿Se han vuelto demasiado viejos y anticuados? ¿Están un poco desgastados? Y lo más importante, ¿te gustan o son regalos que te *tienen que* gustar?

Envía todo a su espacio. Averigüe las áreas para almacenar sus DVD, juegos y computadoras. Asegúrese de que todos los demás objetos de la sala de estar se mantengan en su área apropiada. Todas las superficies deben permanecer despejadas, y no se deben encontrar objetos perdidos en superficies que no les pertenezcan. Las superficies en cuestión incluyen mesas de centro, mesas auxiliares y escritorios. El suelo de la sala de estar también debe estar ordenado.

Establecer un límite para el número de muebles y materiales decorativos que existirán en el salón en un momento dado. Limite las cosas que se recogen en la sala de estar. Muestre menos artículos para que la atención no se divida y el desorden no comience a formarse de nuevo. Este es el espacio en el que recibirás a los invitados, así que ten en cuenta la impresión que tu salón está dejando en las personas que te visitan.

2. **DORMITORIO**

El dormitorio es una de las partes más desordenadas de la hogar. Como es una de las habitaciones más privadas de la hogar, pensamos que podemos hacer cualquier cosa aquí y no importará. Sí que importa. Tal vez no para tus invitados, pero está afectando tu capacidad de descansar en esta habitación.

Antes de comenzar a decaer, tómese un momento para imaginarse cómo quiere que se vea su dormitorio después del proceso de desorden. ¿Qué tipo de habitación imaginas? Comienza a quitar todas las cosas que crean desorden.

Usted debe seleccionar los artículos que desea conservar, donar o tirar a la basura. Usted se encontrará con artículos que deben ser llevados de la habitación a otra habitación donde servirán para propósitos más importantes. Clasificarlos en su propio montón y sacarlos más tarde, para organizarlos en su nueva hogar.

Dividir el dormitorio en zonas es muy fácil. Habrá un espacio para dormir, vestirse y, para algunos, trabajar. Ordene las cosas de la sala en sus diferentes espacios y organícelas de forma ordenada. Mantenga las cosas que necesitará más a menudo cerca de usted, en algún lugar de su mesita de noche.

Trate con las superficies y planifique los artículos que se deben encontrar en ellas todos los días. La cama es la superficie más importante de la habitación y es necesaria para su bienestar. Siempre debe mantenerse lo más claro, limpio y organizado posible. Elimine todo el desorden que se está formando en su cama. También debe organizar su guardarropa para que sea más fácil manipular su ropa y evitar que llegue a la cama.

3. **COCINA**

La cocina es el motor de la hogar. Si está en desorden, todos en la hogar lo sienten. Faltarán cubiertos, cerámicas rotas, obleas de polvo debajo de los gabinetes y plagas en cada esquina. Debido a que los productos perecederos y los alimentos se mantienen en esta habitación, usted debe mantener este espacio limpio. De lo contrario, puede empezar a atraer a pequeños huéspedes no deseados, en forma de roedores o cucarachas. Debido a su importancia, la cocina está llena de muchos electrodomésticos y otras herramientas. Una vez que los objetos en esta habitación se convierten en un desorden, la funcionalidad de este espacio se ve socavada.

La belleza de cada cocina está en su amplitud y en la disponibilidad de encimeras claras. Eso es lo que hace que sea deseable cocinar aquí. Piense en lo hermoso que será tener sus gabinetes y estantes organizados de la manera más acogedora.

Lo primero que debe hacer es vaciar cada gabinete o estante en la cocina. Incluso si está seguro de que devolverá un artículo a este espacio, retírelo. Es posible que no sepa cuánto espacio ocupa solo por estar en ese lugar. Además, quitar todo brinda la oportunidad de limpiar el gabinete.

Clasifique los artículos y encuentre los que deben guardarse, donarse o tirarse a la basura. ¿Cuándo fue la última vez que usó un aparato en particular? ¿Aún está funcionando? Con cada artículo que elija, hágase estas preguntas importantes que le ayudarán a llegar a una conclusión sobre el futuro de cada artículo.

Si nunca ha categorizado los artículos en su cocina, debe hacerlo ahora. Divídalos en grupos como artículos para hornear, herramientas de corte, electrodomésticos y tazas. Encuentra todos los excesos y colócalos en la caja de donaciones.

Consejos para deshacerse del desorden sentimental

Algunos objetos sentimentales merecen ser guardados. Como el abrigo de piel de un pariente fallecido o una preciada antigüedad, pero afrontémoslo, hay algunas cosas sentimentales que necesitan desaparecer. ¿Realmente necesita las viejas guitarras de su exnovio? ¿O las tazas viejas e increíblemente feas de su madre (sin importar cuán fallecida esté)? Probablemente no. Incluso si usted sabe que no los quiere o no los necesita, puede ser difícil deshacerse de ellos. Tenga en cuenta estos consejos:

- **Elimine toda culpa**

A veces no tiramos objetos sentimentales porque nos sentimos culpables. Piensa de dónde proviene esta culpa. ¿Es el objeto en cuestión algo que una vez perteneció a un pariente antiguo? ¿Te sientes mal porque es como si estuvieras tirando un pedazo de ellos? Corta este pensamiento de raíz. Las personas no son sus posesiones. Lo más probable es que usted tenga algo más de ellos que es mucho más útil y que no crea tanto desorden. No estás haciendo daño a nadie aquí, así que no te sientas culpable.

- **Enfóquese en un aspecto diferente de la memoria**

Otra razón por la que mantenemos las cosas sentimentales es porque están apegadas a un cierto recuerdo. Esto tiene mucho sentido. Por suerte para usted, no tiene que tirar el recuerdo si tira el objeto. Si va a tirar un elemento conectado a una memoria, considere escribir un asiento de diario sobre la memoria en su lugar. Inmortalízalo de esa manera. O mira las fotos antiguas de este recuerdo. Digamos que se está aferrando a las tazas feas de su madre porque solía beber su café favorito de ella. Bueno, espere un segundo, también vive en la casa donde su madre solía tomar su café favorito en sus feas tazas. Ver la cocina como la conexión a este recuerdo en su lugar.

- **Dáselo a otra persona**

Si usted conoce a alguien más que podría querer este artículo, considere dárselo. De esta manera, no tiene que ver el objeto en la basura. Alguien por ahí todavía lo tiene y aún lo aprecia. Y si el objeto es algo que pertenece a otra persona en primer lugar (como un exnovio), ¡entonces devuélvelo! No sirve de nada aferrarse.

La mejor manera de decorar y diseñar un hogar minimalista

Al decorar su hogar minimalista, debe tener en cuenta tres factores importantes:

a. Calidad
b. Espaciosidad
c. Superficies claras

Estos factores son más importantes que la belleza subjetiva de sus artículos decorativos. Al tener en cuenta estos factores, casi cualquier elemento decorativo puede parecer atractivo. Use estos consejos para empezar:

1. Elija colores neutros

Los disturbios de color a veces pueden aparecer como un desorden. Trate de mantener sus combinaciones de colores tan simples y neutrales como sea posible. Busque colores que inspiren una sensación de calma, sea lo que sea que signifique para usted. Puede que no sea del mismo color para todos, pero rara vez es brillante o de color neón. Esto no significa que no puedas experimentar con los colores y ser creativo; solo significa que primero debes estudiar los colores que deseas, pensar en cómo te afectan esos colores y averiguar si funcionan bien juntos. Pregúntese si la combinación es fácil para los ojos. Recuerda, este es tu espacio privado de descanso. Es absolutamente vital que pueda relajarse aquí.

2. Calidad sobre cantidad

Usted debe considerar cada pieza cuidadosamente antes de dejarla entrar a su hogar. Trabaje con pocos objetos mientras decora su hogar, pero asegúrese de que cada objeto sea de una calidad razonable o alta. Su objetivo es crear un espacio cómodo en el que cualquiera se sienta cómodo. Elija diseños bien hechos y construidos para durar. Ya que usted usará mucho estos objetos, es importante que sobrevivan a más de unos pocos usos.

3. Traer a la naturaleza

Las flores y el verdor añadirán un hermoso toque de naturaleza a su salón y cocina. Los colores de las flores u otras plantas también se añadirán al esquema de color general de su hogar. Téngalo en cuenta a la hora de elegir sus piezas naturales. Lo maravilloso de las plantas es que aportan tanta belleza y duran tanto tiempo como usted pueda cuidarlas. ¡Esperemos que sea mucho tiempo! Sé bueno con tus plantas.

4.   Accesorios interesantes

Los accesorios de una habitación pueden cambiar todo el aspecto de la habitación. Un accesorio en este sentido es cualquier cosa que se añade a una habitación para darle un valor estético. Agregue uno o dos accesorios o decoraciones bien seleccionados, como arte mural, espejos, velas, marcos y alfombras. Trabaje con variedades, pero trate de mantener el equilibrio mientras trabaje en su espacio.

5.   Manténgalo simple

La belleza del minimalismo está en su simplicidad. Adopte el enfoque de "menos es más" en su decoración interior. Continúe teniendo en cuenta el espacio mientras trabaja. Su espacio no tiene por qué ser aburrido. De hecho, las decoraciones minimalistas cuando se hacen bien pueden ser mucho más hermosas que las hordas de decoraciones que te miran desde cada esquina. Solo hay que dar un paso a la vez y asegurarse de estar totalmente comprometido con la estética minimalista.

Capítulo Siete – Desorden Digital

Desde que el mundo se digitalizó, nuestras vidas se han vuelto más cómodas, nos hemos vuelto más productivos y la difusión de la información es ahora más rápida. Pero hay un inconveniente: también nos hemos obsesionado con la electrónica y los dispositivos digitales. La devoción que mostramos a estos pequeños aparatos ha llegado a una etapa alarmante. Las cosas que fueron producidas para que las controlemos ahora se han convertido gradualmente en nuestros amos.

He aquí una imagen rápida: horas en medios sociales, cientos de correos electrónicos no leídos en nuestras bandejas de entrada, un escritorio repleto de carpetas y archivos, dispositivos de almacenamiento llenos de cientos o incluso miles de fotos, música y vídeos. Es abrumador, por decir lo menos. Nunca lo supimos hasta que el desorden digital se convirtió en un tema importante.

Dado que pasamos la mayor parte de nuestro tiempo en el mundo digital, ¿no tiene sentido mantener también nuestras vidas digitales declinadas? ¿No tiene sentido mantener nuestros dispositivos, que hacen nuestras vidas mucho más fáciles, funcionando tan bien como sea posible? ¿Qué cantidad de cosas (documentos, archivos y carpetas) guardadas en su espacio digital necesita realmente? ¿Cuándo fue la última vez que limpió su teléfono o computadora?

Aparte del desorden en nuestros dispositivos digitales, también hay desorden que puede formarse por nuestra dependencia excesiva de estos dispositivos. Pasamos horas conectados a estos aparatos que ahora definen nuestros momentos felices y tristes. Apague su computadora o teléfono y haga algo más exigente física o mentalmente. Aunque trabajes desde un portátil la mayor parte del tiempo, dedica al menos una hora al día a hacer algo diferente, como leer un libro, dar un paseo, hablar con otro ser humano o incluso hablar contigo mismo. Vive en el mundo real, no solo en el mundo digital.

Los principios del minimalismo digital

- **Sus dispositivos deberían hacer su vida más fácil, no más difícil.**

Es por eso por lo que fueron inventados en primer lugar, después de todo. Nuestro teléfono y nuestra computadora deberían estar ayudando a que nuestras vidas funcionen mejor, con mayor facilidad. Deberían ayudarnos a superar los obstáculos, no a crear más. No está viviendo según este principio si encuentra que gran parte de su tiempo es ocupado por su dispositivo. Considere si el tiempo que pasa en su dispositivo es más que el tiempo ahorrado a través de sus funciones funcionales.

- **El uso de su dispositivo debe ser intencional, no adictivo.**

¿Con qué frecuencia coge el teléfono por hábito y ansiedad, y no porque quiera llevar a cabo una acción específica? Hay una diferencia entre abrir el dispositivo para enviar un correo electrónico y abrir el dispositivo porque necesitas hacer algo, cualquier cosa, con las manos. Intenta usar tu dispositivo solo si hay algo muy específico para lo que lo necesite.

- **Siempre priorice a las personas antes que a las máquinas.**

Este debería ser un hecho, pero no lo es, para tanta gente. Siempre pensamos que nos estamos conectando con la gente porque estamos hablando con ellos en Internet; Si bien eso es cierto a veces, también tendemos a ignorar a las personas que están frente a nosotros para hacer esto. ¿Su adicción a su teléfono se interpone en el camino de sus interacciones cotidianas? ¿Cuántas veces te encuentras desplazándote mientras estás en compañía de alguien que intenta hablar contigo? Nunca deje que sus máquinas se hagan cargo.

Consejos importantes para vencer el desorden digital

1. **E-mails**: Una bandeja de entrada desordenada es suficiente para abrumarte, cuando todo lo que intentas hacer es revisar tus últimos mensajes. El problema se agrava cuando tiene varios correos electrónicos para diferentes propósitos. Si ese es el caso, entonces tome un correo electrónico a la vez.

Primero, revise las diferentes categorías (su bandeja de entrada, bandeja de salida, borradores, correo enviado, etc.) y elimine todo lo que no necesite. Es un trabajo tedioso, pero vale la pena. Encontrará correo que ha estado allí durante años y correo al que respondió hace mucho tiempo. Trabaja en tus listas de contactos. ¿Qué servicios le envían la mayoría de los correos electrónicos y por qué? ¿Encuentras los correos electrónicos útiles de alguna manera o simplemente te llevan a comprar cosas que no necesitas? Si esto aumenta el desorden, entonces no se suscriba, bloquee o elimine.

Adopte el nuevo hábito de revisar su correo una vez por la mañana y una vez por la noche, en lugar de hacerlo a intervalos aleatorios. De esta manera, el desorden digital no se acumula. Limpie su bandeja de entrada de correos electrónicos innecesarios todos los días para que el desorden no comience a acumularse nuevamente. Cada semana, revise sus correos electrónicos enviados y elimine los que necesitan ser eliminados. Cultive estos hábitos y prácticas, y asegúrese de no volver a los viejos hábitos de ignorar el desorden digital en su correo electrónico.

2.   **Redes sociales:** el desorden en las redes sociales puede manifestarse de varias maneras. Primero, hay una acumulación de amigos y personas innecesarias en su lista de 'seguidores'. A veces te conectas y ves publicaciones de personas que apenas recuerdas cómo las conociste. A veces puede sentir este manto de culpa sobre usted cuando desempaña o elimina algunos contactos, pero no hay una buena razón para esto. Este es un hábito saludable para su vida digital. No es necesario mantenerse en contacto con alguien que apenas conoce, especialmente si lo que publica es molesto o irrelevante para su vida. Bórralos y no te sientas mal,

Limpiar sus cuentas de medios sociales en varias plataformas le ayudará a establecer sus prioridades y le proporcionará información relevante, imágenes y actualizaciones de estado que realmente le interesan. Su mente también se beneficia de esto porque tendrá menos desorden visual con el que lidiar, y puede enfocarse en lo que a usted le gusta.

El mismo método se puede aplicar en todas las plataformas de medios sociales. Agilice todas sus suscripciones y siga las páginas necesarias. Conecte sus cuentas entre plataformas para que su experiencia en Internet fluya con facilidad.

Por último, no se deje consumir por los medios sociales. Estas plataformas, incluso con todos sus numerosos beneficios, consumen su tiempo. No pase más de diez minutos a la vez en cada plataforma. Haga lo que ha venido a hacer y retírese. Solo se le permite pasar más tiempo de lo normal si está dirigiendo un grupo de apoyo en Twitter o si está ganando dinero con la publicación de anuncios en Facebook. Si no le beneficia emocional, mental o financieramente, entonces no tiene por qué pasar más de una hora al día revisando una aplicación.

3.   **SU COMPUTADORA O LAPTOP**

La mayoría de los sistemas informáticos son depósitos de chatarra digital. ¿El tuyo es uno de esos? Solo usted puede responder. El proceso de decodificación comienza con la limpieza de su escritorio. Piense en su escritorio como su estacionamiento o su entrada. Es una introducción a su hogar digital. De hecho, simplemente mirando el nivel de organización en algunos escritorios, puedo decir cuán organizados están los propietarios. Hay muchos iconos de escritorio que no se utilizan. Eliminarlos: accesos directos, carpetas y archivos. Si hay documentos que aún cree que serán importantes para usted en el futuro, tiene la opción de hacer una copia de seguridad en el almacenamiento en nube. Pero tenga cuidado, para que su almacenamiento en la nube no se vea afectado por la transferencia de desorden. Solo haga una copia de seguridad de los archivos que definitivamente necesitará en el futuro.

Mantenga todos los iconos dispuestos en el lado izquierdo del escritorio y asegúrese de que no ocupen más de tres filas a la vez. Si hay archivos que se reabren ocasionalmente, colóquelos en una carpeta y nómbrelos. Ordene todo en su escritorio por categoría.

A continuación, desinstale los programas que no utilice con frecuencia. Libere espacio en su disco duro para que su sistema pueda funcionar sin problemas. Asegúrese de que cada una de las aplicaciones instaladas en su sistema sea una que se utilice con frecuencia, y no solo que ocupe espacio sin motivo alguno.

Enfóquese en categorizar sus documentos en carpetas relevantes para que sea más fácil encontrar cada uno de ellos cuando sea necesario. Necesitará concentración para este y quizás un bolígrafo y un libro para anotar el nombre de cada nueva carpeta y los archivos que contiene. Con sus documentos ordenadamente organizados en su computadora, será más fácil para usted navegar a través de su sistema. El objetivo es revisar cada carpeta y deshacerse del exceso de documentos innecesarios.

Mantenga el estado despejado de su equipo eliminando constantemente los archivos innecesarios que no necesite. Conviértase en un gatekeeper y realice un seguimiento de todos los archivos descargados. Manténgalos organizados en la carpeta de descargas para que puedan ser borrados fácilmente cuando llegue el momento.

Capitulo Ocho - Perfeccionando La Experiencia Del Minimalismo

Un mensaje corto del Autor:

¡Hey! Hemos llegado al capítulo final del audiolibro y espero que lo hayan disfrutado hasta ahora.

Si aún no lo has hecho, estaría muy agradecido si pudieras tomarte un minuto para dejar un comentario rápido de Audible, ¡incluso si se trata de una o dos frases!

Muchos lectores y oyentes no saben lo difíciles que son las críticas y lo mucho que ayudan a un autor.

Para ello, solo tiene que hacer clic en los 3 puntos de la esquina superior derecha de la pantalla dentro de la aplicación Audible y pulsar el botón "Evaluar y Revisar".

A continuación, se le llevará a la página de "evaluación y revisión", donde podrá introducir su clasificación por estrellas y luego escribir una o dos frases.

¡Es así de simple!

Espero con interés leer su comentario, ya que yo personalmente leo cada uno de ellos.

Estoy muy agradecido ya que su revisión realmente marca una diferencia para mí.

Ahora volvamos a la programación establecida.

El minimalismo no es solo un estilo de vida; es una experiencia. Todo lo que hacemos contribuye al viaje en general. Estas son las experiencias que usted debe buscar, las experiencias que usted debe gastar su dinero cuando no está gastando en cosas inútiles. Las posesiones y la propiedad gratifican el cuerpo mientras que las experiencias dignas deleitan el alma y la mente. El alimento del alma y de la mente es importante para el bienestar del cuerpo. Es por eso por lo que es imposible sentirse atraído por una persona loca, no importa cuán hermosos sean sus cuerpos.

Abastecer nuestras vidas y hogares con los últimos gadgets parece satisfactorio porque le proporciona la emoción de una nueva compra, pero esto solo dura un corto período de tiempo. La emoción se apaga, y te quedas en el mismo lugar en el que te encontraste una vez: buscando otro objeto que te dé la misma emoción. El ciclo continúa y nunca estás más satisfecho de lo que estabas antes. Hay mejores maneras de gastar su dinero.

Por qué necesitamos más experiencias que cosas materiales

El dinero gastado en la experiencia es dinero gastado en nutrir el alma. La alegría de las experiencias dura más que la alegría fugaz de comprar cosas. Esta es la razón:

a. **Las experiencias ayudan a solidificar sus propios propósitos y pasiones.**

Todo lo que usted hace y en lo que gasta su dinero debe influir en tu futuro e impulsarlo hacia su propósito y sus pasiones en la vida; las posesiones materiales rara vez te obligan a hacerlo. Si está obsesionado con el montañismo, poseer cien libros sobre el tema o una docena de trajes de montañismo nunca puede equipararse a una expedición de montañismo. Las posesiones materiales solo alimentarán su imaginación con respecto a la experiencia, pero la experiencia es lo que realmente alimenta su alma y lo satisface. Esta es la razón por la que la gente va en viajes de carretera para ver el país por sí mismos, no a través de fotos. Es por eso por lo que la gente va a los festivales de música; para ver a sus artistas favoritos actuar en persona y no solo escuchar la misma vieja grabación.

b. **Las experiencias compartidas pueden fomentar las relaciones**

Una experiencia compartida es una parte de lo que compartes. Es tan simple como eso. Es un vínculo que permanece mientras ambas partes estén vivas. ¿Alguna vez se ha visto a si mismo sonriendo porque le ha venido a la mente el recuerdo de una experiencia compartida? Es una sensación maravillosa, ¿verdad? Las experiencias compartidas con la gente las hicieron más cercanas a usted. Piense en todas las amistades cercanas que tiene y trate de averiguar qué es lo que hace que la amistad sea fuerte. Las posibilidades de que esas amistades florezcan con el tiempo son altas gracias a una experiencia compartida poderosa o a una serie de experiencias compartidas. Una vez que te encuentras con gente con la que has compartido sus experiencias, nunca hay un momento aburrido. Hay muchos recuerdos compartidos entre las dos partes, y las conversaciones pueden durar horas.

c. **Las experiencias te presentan cosas nuevas**

Una vida sin nuevas experiencias es una vida aburrida desprovista de aprendizaje y expansión de la mente Las experiencias pueden enseñarte la importancia de la vida y la amistad, y pueden darte una nueva perspectiva del mundo. Todos los que alguna vez han experimentado un cambio real y transformador lo han hecho gracias a una experiencia singular. Cada día la gente está descubriendo su propósito en la vida debido a las experiencias, algo que nunca habrían sabido si hubieran perseguido las posesiones en su lugar.

d. **Las experiencias de antojo eliminarán las preocupaciones asociadas con la compra de cosas**

En un capítulo anterior, establecimos el grado de ansiedad y preocupación que conlleva la compra de cosas nuevas. ¿Y si me robaron? ¿Y si me roban? ¿Y si este iPhone que compré por $999 de repente cae en un cubo de agua? Los "qué pasaría si" son numerosos y te vuelven paranoico. Se necesita tanta energía mental que te estresas. Eso no quiere decir que nunca debas comprar cosas nuevas y consentirte de vez en cuando, pero buscar experiencias reducirá en gran medida estas preocupaciones. Una vez que haya ahorrado algo de dinero y haya preparado sus suministros, puede hacer planes y seguir cualquier experiencia sin preocupaciones. Esa experiencia nunca le será quitada. Una vez que la obtienes, es suya para siempre, a diferencia de todas sus posesiones materiales.

Experiencias que son mejores que cualquier objeto material que pueda comprar

1. Viajes

¿Cuánto tiempo ha permanecido en la ciudad o pueblo donde vive actualmente? Muchas personas se sienten cómodas permaneciendo en un mismo lugar durante más de una década sin cruzar las fronteras. El hecho de que su lugar de culto, un centro comercial, una escuela, una biblioteca y posiblemente un cine estén disponibles en su lugar de residencia no significa que no haya ninguna razón para aventurarse a salir. Los medios sociales han empeorado esta situación ya que puedes quedarte en tu habitación y sentirte como si hubieras viajado por todo el mundo a través de Internet. Pero hay más en el mundo que la ciudad en la que vives. Salga y compruébelo usted mismo. No dependa de las fotos.

El sentimiento de estar en un país diferente, experimentar su cultura y aprender sus historias no tiene paralelo. Usted puede comer su cocina local y aprender un nuevo idioma. Incluso puede viajar a la siguiente ciudad y tomar fotos de hermosas vistas en su camino hacia allí. Visite a un familiar y pase la noche con ellos. Guarda los recuerdos de tus viajes y expande tu mente. No es necesario viajar lejos, solo viajar a alguna parte.

2. Festivales

Los festivales traen gente apasionada y entusiasmada de todas partes para compartir una experiencia. Ir a festivales con tus amigos es una gran manera de vincularse y conocer gente nueva. Aunque te pierdas y te vayas al otro lado del recinto del festival, siempre hay una nueva experiencia esperándote. La mayoría de las personas que van a los festivales son personas que comparten las mismas pasiones que tú y conocerlas encenderá tu pasión con llamas aún más brillantes.

Los festivales están llenos de cultura, vida, música, arte y gente. Siempre hay algo que lo cautiva, sin importar cuáles sean tus intereses. Los festivales son eventos en los que puedes ser usted mismo y expresar su individualidad, sin importar lo raro que sea. Hay tantos tipos de festivales que puede disfrutar. Los festivales de música son, con mucho, los más comunes, pero también hay festivales literarios y culturales. ¡Pruébalas todas!

3. Una escapada de fin de semana con amigos

Usted puede planearlo. Todo lo que tiene que hacer es elegir un lugar y viajar allí con tus amigos. Lo principal aquí no es el destino, sino el viaje en sí. Llegar a su destino también será divertido, pero no hay nada como reunirse con amigos y la risa que compartes en el camino. Ni siquiera tiene que pasar la noche, dondequiera que esté viajando. Puede ir allí por la mañana, pasar algún tiempo y estar de vuelta a la hora de la cena.

Por ejemplo, si tiene amigos entusiastas del arte, puede planear ir a un museo o a una exposición de arte. Disfrute su experiencia permitiéndole participar plenamente en el programa que tiene previsto. O puede ir de excursión con sus amigos e incluso acampar en el bosque, si usted prefiere el aire libre.

La belleza de realizar tales viajes es la incertidumbre que le espera. Nunca se sabe con quién o qué se encontrará, el humor que encontrará o las historias que se compartirán y crearán. Estas son las experiencias de las cuales la vida realmente está hecha. Un día, cuando recuerdes tu vida, esto es lo que recordarás

4. Aprende algo nuevo y emocionante

El proceso de introducir su mente a algo nuevo mejorará la calidad de su vida y refinará su mente. Sus niveles de confianza aumentarán una vez que tenga éxito con su proceso de aprendizaje. A medida que envejecemos, nuestras mentes se debilitan porque ya no nos acercamos a nuevas actividades o desafíos con el mismo entusiasmo de nuestros años de juventud. Esto se debe a que nos sentimos más cansados y menos motivados, no porque seamos menos capaces. La mente siempre está en busca de cosas nuevas en las que profundizar. Si sigues alimentándolo con la rutina o con la misma información de siempre que ya conoces, se debilita cada vez más y pierde su capacidad de estirarse hacia afuera.

También es increíblemente divertido aprender cosas nuevas. No lo vea como una actividad en la que usted es "malo", sino como una actividad de la que puede aprender, que puede mostrar un lado completamente nuevo del mundo. Tantas posibilidades se abren cuando decide agarrar el toro por los cuernos y aprender algo emocionante. El proceso de descubrimiento está lleno de mucha emoción. También puede ser inesperadamente gratificante; puede descubrir que sus nuevas habilidades abren puertas a una promoción o una nueva vocación por completo.

Las experiencias que hacen de los regalos mucho mejores que las "cosas"

Estamos tan apegados a la expectativa de aparecer con un objeto material en la mano, envuelto y atado con cinta, listo para ser abierto. El mundo nos ha dado la idea de que esto es lo que tenemos que hacer para celebrar a alguien. Necesitamos una representación física de nuestra alegría, nuestro espíritu de celebración. Es hora de cambiar este enfoque. Hay muchas experiencias que podemos regalar a nuestros seres queridos que son mucho más divertidas o especiales que un objeto material. Puede que incluso les guste mucho más. Piense en el desorden en su hogar, ese montón de cosas que consisten en malos regalos que no puede tirar. ¡No lo agregue a la pila de desorden de otra persona! Considere regalar estas experiencias:

1. Clases de cocina

Las clases de cocina no solo te enseñan habilidades valiosas, ¡también son increíblemente divertidas! ¿Cocinar sin tener que limpiar después? ¡Sí, por favor! Hay clases que enseñan una variedad de cocinas diferentes. Para algo divertido, hornear postres siempre es una buena opción. Busque en línea para encontrar clases en su área.

2. Un Día de Spa o Masaje en Hogar

¿Por qué comprarle a alguien una botella de loción o aceite con fragancia cuando puede comprarle la experiencia de alguien que realmente lo usa con ellos? Es un mejor regalo, si me lo preguntas. Compre una tarjeta de regalo para un spa local o haga arreglos para que una masajista vaya a su hogar. A todo el mundo le encanta sentirse mimado.

3. Una entrada para un concierto

Para quien sea que esté comprando un regalo definitivamente tiene un músico o artista favorito. Vea si este cantante o banda está de gira en su ciudad por unos días. Muchas veces las personas pierden esta oportunidad porque nunca piensan verificar si su artista favorito está de gira. Incluso si no son absolutamente favoritos, algo similar también será divertido.

4. Una tarjeta de regalo de restaurante

Muchos restaurantes fabulosos ofrecen tarjetas de regalo para este propósito exacto. Invite a alguien que conozca a una cena fantástica. Todos disfrutan de una comida fantástica, especialmente cuando no están pagando por ella. Este regalo no creará desorden y llenará sus estómagos.

5. Entradas para una obra teatral o musical

Lo maravilloso de este regalo es que todo el mundo disfruta del teatro, pero la gente rara vez se compra entradas. Sin embargo, una vez que estás allí, te dejas llevar por la fascinante experiencia que es. Siempre lo disfrutas más de lo que crees que lo harás. Regale a alguien esta experiencia porque seguro que la pasará muy bien.

6. Clases de Yoga

Muchos estudios o instructores de yoga ofrecen un número fijo de clases a un precio de descuento. Considere la posibilidad de tratar a alguien que usted conoce con yoga nutritivo para el cuerpo, especialmente si piensa que el ejercicio lo beneficiará. Cuando alguien nos compra un regalo, sentimos que tenemos que hacer un buen uso de él o lo harán mal. ¡Aproveche esto para algo que realmente beneficiará a su amigo o pariente!

7. Piedra Rosetta

Una de las mejores maneras de aprender un nuevo idioma es con el programa Rosetta Stone. Si usted sabe que su amigo o pariente tiene un fascinante con una cultura o país en particular, regálele la experiencia de aprender el idioma de ese lugar. La gente rara vez piensa en hacer esto, pero una vez que se les da la oportunidad, están agradecidos por ello.

8. Programas de membresía

Esto puede sonar confuso, pero eso es solo por lo mucho que hay para elegir. Cuando usted le regala a alguien un programa de membresía, está expandiendo su estilo de vida. Consígueles una membresía de gimnasio o museo. O quizás, un pase anual a su parque nacional o parque de atracciones favorito. La mayoría de estos lugares le permiten comprar un pase anual. Una cosa es segura: a todos les encantará este regalo.

9. Cuidados de niñera gratis

¿Conoces a alguien con hijos de los que necesitan desesperadamente un descanso? Ofrézcales sesiones gratuitas de cuidado de niños. Usted podría escribir esto en una tarjeta o en un pedazo de papel y hacer que parezca un boleto oficial. Comprométase a cualquier número de sesiones que usted crea que puede manejar, por ejemplo, dos o tres sesiones le ayudarán mucho, pero también evitarán que se sienta abrumado. Es un regalo poco convencional, pero cualquier padre cansado lo apreciará profundamente.

10. Una estadía de relajación

¡¿Por qué no?! Si conoce a alguien que necesita tomarse un tiempo para relajarse y sentirse mimado, pague por una noche en un hotel local. Idealmente, debería estar en un lugar cómodo y hermoso. Debería estar en un lugar donde disfruten más que en hogar. Cuando salimos de nuestro espacio, nos sentimos más relajados. Estoy seguro de que uno de tus amigos necesita esto. ¡Considere regalar una experiencia de relajación!

Conclusión

¡Felicitaciones por terminar este libro! Sé que las ideas y la información que les he presentado les han inspirado a comenzar el proceso de desbarajuste de su hogar. El mensaje del minimalismo no se predica a menudo, pero debería serlo. ¿No estás de acuerdo? Vivimos en un mundo consumista, y algunas personas incluso desaprueban el minimalismo; no permitas que sus actitudes te influyan. Proteja su mentalidad minimalista a toda costa. No permita que las cosas que ha aprendido a lo largo de este libro se le olviden. Una vez que termine este libro, es posible que se encuentre con un anuncio que le diga que compre un nuevo producto ahora mismo. Antes de considerar hacer esta compra, recuerde que estas compañías realmente no se preocupan por usted. Solo quieren vender su producto, y le dirán lo que sea para que eso suceda. Usted es la vaca que están tratando de ordeñar.

El viaje del minimalismo nunca es fácil. Te encontrarás con gente que te detesta o incluso te desprecia por vivir bajo una filosofía diferente. Lo hacen por su propia ignorancia. Y hay poco que puedes hacer al respecto, especialmente cuando no están dispuestos a escucharte. Es algo natural. Nosotros, los humanos, siempre condenamos rápidamente las cosas que no entendemos. La gente sacará conclusiones precipitadas y sugerirá que no eres materialista simplemente porque no tienes éxito. Por supuesto, tú y yo sabemos que ese no es el caso. Por ahora, usted ha llegado a una comprensión completa de cómo nuestra calidad de vida no está determinada por cuánto poseemos. De hecho, el desorden y el exceso pueden obstaculizar nuestro progreso emocional, mental o profesional - las cosas reales que contribuyen a nuestra calidad de vida.

Como dije en los capítulos anteriores, encuentra a tu tribu, la gente que comparte tus metas minimalistas contigo. En los últimos años la conversación sobre el minimalismo y la decadencia ha aumentado exponencialmente. Únase a la conversación en los medios sociales y alimente su viaje. Necesitarás todo el aliento que puedas obtener. Ciertamente te encontrarás con gente que ha luchado con las cosas con las que estás luchando ahora. Ellos le ayudarán con cualquier pregunta que pueda tener, especialmente ahora que nuestro viaje en este libro ha llegado a su fin.

Los beneficios del minimalismo son numerosos, como he dicho antes: libertad del desorden, seguridad financiera y, sobre todo, tranquilidad. Esta libertad le permite perseguir experiencias con un significado más profundo y una mayor relevancia para sus objetivos. Se descubrirás a usted mismo por lo que realmente es y no por lo que posee. Su confianza verá un gran impulso porque ya no depende de sus posesiones y propiedades para determinar su valor.

Ahora depende de usted. Hemos pasado por todas las facetas más importantes del minimalismo: los principales hábitos, los principios, los procedimientos de decodificación, los consejos para reducir el decodificador mental, emocional y digital, y mucho más. Ahora depende de usted seguir practicando y construyendo tus grandes hábitos minimalistas hasta que te lleguen de forma natural. La disciplina y la consistencia son los factores más importantes en la práctica del minimalismo. Nunca lo suelte. Manténgase alerta de los monstruos del desorden y mátelos de hambre antes de que se conviertan en una gran amenaza. ¡Le deseo suerte en su viaje minimalista!

Presupuesto Minimalista

Logre la libertad financiera, Estrategias inteligentes de administración de dinero para presupuestar su dinero de manera eficaz. Aprenda maneras de ahorrar, invertir y eliminar el gasto compulsivo

Tabla de Contenidos

Introducción 110

Capítulo 1 - La mentalidad minimalista del presupuesto 113

Cómo cambiar drásticamente su forma de pensar de una mentalidad negativa a una mentalidad positiva cuando se trata de dinero 115

Libérese de una mentalidad consumista 121

Acción de Inicio Rápido Pasos para liberarse del Gasto Compulsivo de una vez por todas 125

Capítulo 2 - Comience a ahorrar dinero 132

Averigüe dónde diablos va todo su dinero cada mes. 132

Pasos para hacer un seguimiento de sus gastos 133

8 maneras sencillas de empezar a ahorrar dinero al instante 136

Cómo desarrollar autodisciplina para evitar gastar más de la cuenta 143

Capítulo 3 - Estrategias presupuestarias y planes financieros .. 152

4 poderosas estrategias de presupuesto para alinear sus gastos con sus metas de ahorro de dinero 153

Asegurarse de que la ejecución de la estrategia presupuestaria sea satisfactoria 157

15 pasos sencillos para crear un plan financiero que le permita ahorrar más y ganar más dinero 158

Capítulo 4 - Salir de la deuda 166

Averigüe qué causa las deudas 167

11 técnicas prácticas para ayudarle a salir de deudas - sin importar la cantidad.. 172

Capítulo 5 - Hacer más con menos **181**

Aprenda cómo maximizar el uso de sus ingresos......................... 181

¿Puede vivir con la mitad de sus ingresos y ahorrar el resto? Probablemente 184

Obtenga la información que necesita para comenzar a invertir .. 188

La información que necesita para empezar a construir sus activos personales 191

Conclusión...**197**

Introducción

El Mindset de Presupuesto Minimalista es una guía para ayudarle a ahorrar dinero, gastar menos y vivir más eficientemente con un estilo de vida minimalista.

La mayoría de las personas realizan presupuestos con pocas ganas y lo ven como algo imposible de lograr. Este libro le dará un enfoque diferente al presupuesto. Resulta desafortunado que la idea de vivir dentro de sus posibilidades se experimente como un déficit. Después de todo, aporta abundantes beneficios. Este libro le mostrará que cuando vive con un estilo de vida y un presupuesto minimalista, puede liberarse de las limitaciones del mundo moderno. Usted puede decir adiós a los problemas financieros y a los sentimientos de negación.

Un presupuesto minimalista es un enfoque de la autorrealización y la abundancia que puede parecer contrario a la intuición de la mayoría. Este libro ofrecerá una visión más amplia de lo que significa presupuestar. Usted se dará cuenta de que hay algo más que la administración del dinero. También aprenderá que cuando un presupuesto de vida considera su capital de comportamiento, emociones, sociabilidad y espiritualidad, usted tomará mejores decisiones.

Hablaremos sobre los gastos y los hábitos de compra, identificaremos las áreas problemáticas, exploraremos las deudas y cómo puede lograr sus metas financieras. Examinará las formas en que puede poner en práctica estos principios y asegurarse de que se mantenga motivado y concentrado. Este libro enfatiza el concepto de minimalismo en lugar de ahorro.

Si usted puede crear un presupuesto con una mejor comprensión de su relación con el dinero, y cómo afecta su estilo de vida, los cambios que usted aplicará serán duraderos y auténticos.

El minimalismo no se trata de sobrevivir con menos de lo que se necesita. Se trata de identificar lo que se necesita y satisfacer completamente la necesidad sin acumular excesos. Tener exactamente lo que necesitas no es sufrir. Por lo tanto, el presupuesto se trata de saber lo que necesita para tener lo suficiente, y la mejor manera de utilizar su dinero para lograrlo.

Vivimos una vida corta, y los bienes materiales y el dinero pueden proporcionarnos nuevas formas de disfrutar nuestra vida. Ellos pueden ayudarnos a acercarnos a lo que consideramos que vale la pena y que tiene sentido. Pero eso no significa que valgan la pena y tengan sentido en sí mismos. Cómo gastamos nuestro dinero es una expresión de lo que pensamos que es crucial y de nuestros valores, pero de ninguna manera dicta el valor o la calidad de nuestra vida.

¿Cuánto estaría dispuesto a pagar por la tranquilidad y la paz mental que se logra viviendo bien? ¿Cuánto de su vida pierde cuando trabaja? Cuando se trata de gastos, ¿recuerda considerar el tiempo que desperdició estresándose por el dinero? Estas preguntas pueden parecer demasiado filosóficas y vagas, pero nos ayudan a llegar a la raíz de cómo hacemos dinero, cómo lo gastamos y cómo formamos una mentalidad a su alrededor. Una vez que hayamos entendido estas raíces, nuestros esfuerzos por ahorrar dinero serán mucho más fáciles. Desarrollaremos una relación más significativa con el dinero, y esto puede significar la diferencia entre estar ajustado y ahorrar en grande.

¿Qué aprenderás después de leer este libro? Obtendrá una comprensión más profunda de lo que constituye un presupuesto a largo plazo. Usted identificará consejos cruciales y prácticos para ahorrar en asuntos de deudas, hijos, limpieza, hogar, salud, ropa y alimentos. También aprenderá a establecer metas realistas que se ajusten a su presupuesto personal. Aprenderás a poner en práctica todo lo que ha aprendido, a crear su propio presupuesto personal y mucho más.

Capítulo 1 - La mentalidad minimalista del presupuesto

En los últimos años, la tendencia minimalista se ha vuelto cada vez más popular en los Estados Unidos, particularmente entre la generación millennial. Ha inspirado a mucha gente a reducir sus posesiones y vivir sólo con lo que necesitan. Además de ayudarle a despejarse y ahorrar tiempo, la adopción de una mentalidad de presupuesto minimalista también puede ayudarle a liberar su vida financieramente.

Para tener un presupuesto minimalista, es crucial entrar en una mentalidad minimalista. Es la mentalidad de alguien que elige vivir una vida mínima y se asegura de que se convierta en la raíz de todo su comportamiento.

La mayoría de las personas que eligen simplificar su vida, lo hacen porque empiezan a pensar de manera diferente acerca de cómo pueden vivir una vida mejor. O quizás empiezan a notar la naturaleza destructiva de su consumismo irreflexivo, lo que lleva a un esfuerzo decidido por hacer un cambio.

Usted necesita cultivar la mentalidad correcta para asegurarse de que su dinero ganado con esfuerzo se gasta bien. Sin la mentalidad correcta, la transición al minimalismo será una tarea mucho más difícil. Intentará resistir las tentaciones. Usted tratará de reducir la cantidad de desorden físico y mental en su vida. Intentará buscar soluciones. Pero a medida que lo intente, los impulsos internos continuarán creciendo. Sin la mentalidad correcta, usted se encontrará en una recaída. Cualquier intento de minimalismo sólo lo hará volver corriendo para satisfacer sus deseos habituales. Esta es la razón por la que la preparación mental y emocional es vital.

Puede que desconfíe de la idea de los deseos insatisfechos. Esto no significa que deba renunciar al minimalismo. De hecho, la mentalidad de presupuesto minimalista no se trata de luchar contra sus deseos, se trata de aprender a dejar de desear.

Cuando haya cultivado la mentalidad correcta, se dará cuenta de que es fácil vivir una vida sencilla. Sus motivos los impulsarán y sus acciones caerán en su lugar.

La mentalidad de presupuesto se ve mejor como una reducción del desorden basado en sus prioridades. Esto no significa que deba deshacerse o dejar de comprar cosas que lo hagan feliz inmediatamente. La minimización debe hacerse a un ritmo razonable. Con el tiempo, usted comenzará a buscar solamente aquellas cosas que son cruciales.

La mayoría de la gente busca reducir las posesiones y objetos materiales, pero cuando la mentalidad minimalista está involucrada, se aplica también a las relaciones y actividades. Después de todo, muchas áreas de nuestra vida pueden estar llenas de excesos.

La mayoría de la gente no entiende por qué alguien querría vivir una vida dentro de un presupuesto minimalista. No entienden cómo alguien puede evitar los lujos.

Creen que deben vivir como quieren, y eso es cierto. Lo que esta gente no entiende es que vivir una vida minimalista con un presupuesto minimalista le permite hacer lo que quiera. Las cosas que quiere son simplemente diferentes. Vivir con un presupuesto minimalista trae muchos beneficios. Es sólo que la mayoría de la gente no es consciente de ello.

La mentalidad del dinero abarca los pensamientos y sentimientos que subconscientemente desarrolla hacia el dinero por experiencias de vida. Ya que nuestros pensamientos controlan nuestras acciones, el desarrollo de una mentalidad negativa cuando se trata de dinero puede crear una barrera enorme entre usted y la salud financiera. Puede resultar en estrés y ansiedad, y le impedirá alcanzar sus metas financieras.

Pero desarrollar una mentalidad de dinero negativa no significa que usted siempre se sentirá de esa manera. Siga leyendo para saber cómo puede desarrollar la mentalidad adecuada para ayudarle a alcanzar sus metas financieras.

Cómo cambiar drásticamente su forma de pensar de una mentalidad negativa a una mentalidad positiva cuando se trata de dinero

La mayoría de las personas saben lo que se supone que deben hacer cuando se trata de administrar el dinero: ahorrar fondos para una emergencia, gastar menos que el dinero que ganan e invertir para la jubilación. Pero desarrollar otros buenos hábitos es crucial. Administrar el dinero requiere disciplina y la disciplina no viene automáticamente; usted debe aprender y enseñarse a sí mismo a cumplir con sus propias metas.

Su éxito en la administración del dinero depende de cómo piensa acerca del dinero. Si desea eliminar el estrés financiero de su vida o mejorar en la administración del dinero, es vital que cambie su forma de pensar sobre el dinero y desarrolle una mentalidad positiva sobre el dinero. Se aplica a todos los aspectos de la vida. Usted necesita hacer un cambio positivo en todo lo que hace para tener éxito. Esto le ayudará a cambiar lo que habla y cómo lo hace.

Hablar y pensar de manera positiva hará una gran diferencia, pero también requiere acción. Es esencial que cambie la forma en que ha estado haciendo las cosas y que tome medidas en una nueva dirección para lograr un cambio real y duradero.

Durante los momentos de dificultad, como después de la muerte o pérdida de una pareja, puede parecer un desafío desarrollar una mentalidad positiva sobre cualquier cosa. Y no sólo por el dinero. Usted podría experimentar aún más dificultades financieras después de esta pérdida. O tal vez no le falte dinero, pero no tiene conocimiento sobre cómo manejar sus finanzas, y esto lo pone nervioso sobre el futuro.

El estrés debido a las finanzas puede provenir de cualquier parte, y puede empeorar cuando el dolor o el trauma están involucrados.

Afortunadamente, hay muchos pasos que usted puede tomar para cambiar dramáticamente su forma de pensar de negativa a una positiva, y desarrollar buenos hábitos. Estos son los pasos que puede seguir:

1. Perdónese por los errores financieros que ha cometido

No encontrará a nadie que nunca haya dejado de pagar una factura o una tarjeta de crédito. Todo el mundo ha gastado parte de sus ahorros de improviso. Prácticamente todos los adultos han cometido los mismos errores, y por eso debe perdonarse a sí mismo.

Cuando se perdone por los errores del pasado, se liberará. Hará espacio para una actitud saludable y mejores prácticas para ahorrar dinero. Deje de enfocarse en la culpa y comience a enfocarse en el progreso.

2. Conozca su forma de pensar sobre el dinero

Usted puede pensar que entiende su actitud hacia el dinero, pero lo más probable es que no esté completamente consciente de cómo su modo de pensar afecta su toma de decisiones. Se recomienda que usted rastree los pensamientos que cruzan por su mente cada vez que tome una decisión con respecto al dinero.

Ya que tomamos muchas de estas decisiones en nuestras vidas, usted debe hacer esto por lo menos por un día entero y examinar los resultados. Busque patrones que le den una pista sobre su actitud.

Una vez que usted llegue a una mejor comprensión de su modo de pensar, será fácil identificar los hábitos y creencias que le impiden cumplir con los planes y metas.

3. No se compare con los demás

En la era de los reality shows, las revistas de celebridades y los medios sociales, es fácil hacer comparaciones. Nos comparamos con celebridades, amigos, familiares e incluso personajes de ficción de la televisión. Necesita dejar este mal hábito por algunas razones:

- Está comparando lo que sabes de sí mismo con lo que ve de otra persona. Con lo que se está comparando es con la mejor versión de la vida de alguien. Lo que se ve en los medios de comunicación es cuidadosamente curado para el público y de ninguna manera refleja la realidad.

- No conoce los detalles de las finanzas de los demás. Algunos pueden vivir una vida lujosa, pero es probable que muchas de estas personas también estén pagando las deudas de sus tarjetas de crédito.

- Después de compararse con los demás, se sentirá lleno de sentimientos de ineptitud. Esto desviará la atención de sus aspiraciones y finanzas, retrasando el progreso.

Por lo tanto, usted debe crear metas alcanzables, y medir su éxito de esta manera. Celebre las victorias y mantenga sus metas actualizadas cuando las logre.

4. **Cree buenos hábitos y manténgalos**

Una vez que haya establecido metas realistas, es bueno desarrollar los hábitos que le ayudarán a alcanzarlas. Si usted nunca ha mirado sus gastos en detalle o ha creado un presupuesto, entonces tal vez sea el momento de hacerlo. Cuando usted entienda cómo está gastando dinero, le será más fácil saber dónde puede ahorrar.

Esto le ayudará a crear metas alcanzables que, paso a paso, lo llevarán al éxito. Un hábito efectivo es seguir un tiempo establecido para revisar sus finanzas y verificar el progreso. Si está en una relación, escoja un momento que funcione para ambos y asegúrese de que ambos estén presentes.

Incluso si se designa a un socio para que sea el administrador del dinero, asegúrese de que ambas partes estén en la misma página y de que estén de acuerdo con los objetivos establecidos para evitar problemas de comunicación. Cuando tenga una idea clara de su situación financiera, podrá discutir cómo delegar dinero.

5. Conviértase en una esponja con mentalidad de dinero

Una de las maneras más fáciles de construir una mentalidad de buen dinero es rodearse de gente que vive de acuerdo con los valores que más admira. Cuando usted pasa tiempo con personas que tienen una buena mentalidad sobre el dinero, aprenderá activamente de ellos y se adaptará naturalmente a sus cualidades con el tiempo.

También puede buscar contenido gratuito en línea, ya que hay muchos expertos que hablan sobre estos temas a través de transmisiones en vivo, podcasts y videos de YouTube. Considere la posibilidad de invertir una hora en contenido de mentalidad del dinero todos los días.

Tomar este simple paso cambiará drásticamente su perspectiva y comenzará a eliminar aquellas creencias limitantes que le impiden alcanzar sus metas. Cambiar a las personas que le rodean cambiará su vida.

6. Identificar sus afirmaciones para el empoderamiento diario

Encuentre cinco frases que puede repetir diariamente para centrarse en sí mismo, mantenerlo alineado con sus metas financieras e inspirarlo a dar saltos hacia el éxito.

Por ejemplo, si lucha con la idea de que la gente con dinero es codiciosa, entonces es probable que esté involucrado en el autosabotaje subconsciente al mantener un trabajo mal pagado. La afirmación ideal para usted debe ser un recordatorio de que tener dinero y ser una buena persona son dos cosas diferentes. Siga diciéndose a sí mismo que devolverá más al mundo cuando tengas más dinero.

Si usted creció sintiendo que el dinero es escaso y que sólo algunas personas tienen derecho a él, entonces necesita recordarse a sí mismo que hay dinero ilimitado y que viene hacia usted porque se lo merece.

Anote afirmaciones poderosas y manténgalas en lugares como el tablero de su auto, su billetera, en el espejo de su baño o en la pantalla de bloqueo de su Smartphone. Sigue leyéndolos en voz alta. Puede parecer ridículo al principio, pero después de un tiempo, empezará a creerlas. La repetición conducirá a resultados, y todo en lo que se concentre comenzará a manifestarse en la realidad.

7. Eliminar el lenguaje negativo

Tal vez se haya dado cuenta de que la mayoría de la gente pasa mucho tiempo quejándose. A veces puede ser la manera más fácil de establecer un vínculo con alguien, romper un silencio incómodo u obtener alguna gratificación barata.

La mayoría de las conversaciones negativas giran en torno a cuatro temas: una mala relación, quejas laborales, una mala situación financiera o mala salud.

Si usted participa en estas conversaciones con frecuencia, necesita detenerse y concentrarse en sus sueños. No puede tener excusas y resultados al mismo tiempo. Cuando permite que las ideas negativas fluyan de su boca sin restricciones, puede caer en un sentido de autocompasión y auto victimización. Estos sentimientos le impedirán tomar acciones poderosas y le impedirán alcanzar sus metas.

Elimine el lenguaje negativo de su conversación personal y vea todo como una oportunidad de crecimiento. El lenguaje positivo puede parecer cursi al principio, pero lo llevará a creencias positivas que atraerán resultados positivos.

8. Consiga los mentores adecuados

Piense de quién recibe consejos. ¿Es su compañero? ¿Sus padres? ¿Sus compañeros de trabajo?

Desafíese a sí mismo a buscar el consejo de aquellos que ya han logrado las metas que usted está tratando de alcanzar. Tendrá que aclarar lo que quiere. ¿Quiere que su negocio gane más dinero? ¿Quiere un nuevo trabajo? ¿Quiere pagar toda su deuda?

Una vez que haya ganado claridad, busque mentores que hayan logrado lo que usted está tratando de hacer, y pase más tiempo con ellos.

9. Practicar la gratitud

La gratitud diaria ha demostrado ser poderosa. Puedes empezar escribiendo tres cosas por las que estás agradecido cada día. Revise su diario de gratitud cada vez que se sienta abrumado o negativo acerca de sus finanzas. Esto le dará un impulso positivo.

10. **Aprender e implementar nuevos conocimientos**

Ser educado en asuntos financieros le ayudará a sentirse seguro y en control del futuro. Considere la posibilidad de encontrar la educación adecuada para usted. Diferentes enfoques funcionan mejor para diferentes personas. Explore y descubra la educación financiera que más le convenga.

Encontrará libros, expertos y plataformas educativas que ofrecen una amplia gama de enfoques diferentes. La educación es crucial para mantener una mentalidad positiva sobre el dinero.

Libérese de una mentalidad consumista

La mayor parte de la población mundial tiene una mentalidad consumista. No sólo se refiere a la omnipresencia de la publicidad, sino a todo lo relacionado con la idea de que debemos tener más cosas para ser mejores, más exitosos o personas más felices. Esta mentalidad está impregnada en la cultura actual.

Debemos enfatizar que esta creencia consumista no se basa en ninguna verdad. Poseer menos trae más beneficios que poseer más. La libertad de una mentalidad consumista trae consigo:

- **Más libertad de comparación** - Usted se liberará de las constantes comparaciones con la vida de otras personas. Su mente ya no estará llena de envidia, mirando lo que otras personas tienen versus lo que usted no tiene.

- **Más tiempo y oportunidades para buscar otras cosas** - La mayoría de las cosas materiales se desvanecen, se estropean y perecen. Pero la alegría, el amor, el propósito y la compasión son eternos. Nuestras vidas son mejor vividas persiguiéndolas. Estar menos preocupado por las posesiones ofrece esta oportunidad.

- **Menos deuda** - El dinero que se habría destinado a comprar cosas nuevas sin sentido ahora puede ser invertido en áreas más importantes de su vida. Poseer menos le permite finalmente comenzar a ahorrar dinero y pagar sus deudas.

- **Menos estrés** - Muchas personas no se dan cuenta de esto, pero puede ser estresante ser dueño de cosas que ya no usa o que no le importan. Esto puede ser estrés inducido por la culpa o estrés por mantener el objeto. A veces estas posesiones inútiles pueden incluso interponerse en el camino. El hecho de poseer menos reduce estas tensiones.

- **Gratitud y satisfacción-** La manera más fácil de sentirse satisfecho es apreciar lo que tiene. Es natural que cuando se tiene menos, se aprecia aún más lo que se tiene. Es más probable que usted cuide y mantenga sus pertenencias cuando no tiene tanto de qué preocuparse.

Romper con el consumismo compulsivo es un paso importante hacia una vida simplificada. Entonces, ¿cómo logramos esta libertad? ¿Cuáles son los pasos necesarios para liberarse? Aquí hay una guía útil para lograr la libertad de una mentalidad consumista.

1. **Admita que es posible**

Mucha gente a lo largo de la historia adoptó un estilo de vida minimalista que rechazó y superó al consumismo. Encuentre la motivación en la forma en que estas cifras impresionantes lo hicieron. Esto le ayudará a darse cuenta de que usted también puede encontrar el mismo éxito. El viaje hacia la victoria comienza cuando admite que es posible.

2. **Adoptar la mentalidad de un viajero**

Al viajar, la gente sólo toma lo que necesita para ese viaje. Esto asegura que nos sintamos más libres, más ligeros y flexibles.

La adopción de la mentalidad de un viajero tiene los mismos beneficios para la vida que para los viajes. Se sentirás menos agobiado y, sin embargo, tendrá todo lo que necesita. La mentalidad de un viajero también le impedirá gastar dinero en cosas que no son necesarias.

3. **Acepte los beneficios de ser dueño de menos**

La gente no suele pensar en los beneficios de poseer menos, pero hay muchos. Cuando se articulan estos beneficios prácticos, se vuelve fácil de entender, reconocer y desear. Tan pronto como se haga el cambio de estilo de vida, usted puede esperar sentirse inundado con los beneficios del minimalismo, incluyendo un mayor sentido de ligereza y libertad.

4. **Esté atento a las tácticas consumistas**

El mundo le hará creer que la mejor manera de contribuir a la sociedad es gastando su dinero. Todos los días nos invaden los anuncios que tratan de convencernos de que compremos cada vez más. Reconocer las tácticas consumistas en nuestro mundo no hará que desaparezcan, pero pueden ayudarle a entender cuando un deseo ha sido simplemente fabricado por un anuncio bien diseñado.

5. **Comparar hacia abajo en lugar de hacia arriba**

Cuando empezamos a comparar nuestras vidas con las de las personas que nos rodean, perdemos la satisfacción, la alegría y la felicidad. Empezamos a centrar toda nuestra atención en eliminar esta diferencia. Eso es porque tendemos a comparar hacia arriba, sólo mirando a la gente que tiene más que nosotros. Debemos romper la trampa del consumismo prestando atención a aquellos que necesitan más. Esto nos ayudará a permanecer alegres y agradecidos por lo que tenemos actualmente.

6. Considere el costo total de lo que compra

Cuando compramos artículos, tendemos a mirar solamente el precio de la etiqueta. Pero el número en la etiqueta no es el costo total. Lo que compramos siempre nos cuesta más energía, tiempo y concentración. Esto también incluye arreglar, mantener, organizar, limpiar, remover y reemplazar. Acostúmbrese a considerar estos gastos antes de hacer una compra. Usted se encontrará tomando decisiones más sabias y con más confianza cuando se trata de dinero.

7. Apague el televisor

Las corporaciones gastan una gran cantidad de dinero en publicidad porque saben que pueden hacer que los consumidores compren sus productos o servicios de esta manera. La televisión es una industria construida sobre la base de la suposición de que se le puede persuadir para que gaste dinero en casi cualquier cosa. Nadie es inmune. Cuando usted reduce la cantidad de tiempo que pasa viendo la televisión, es menos probable que lo convenzan de comprar artículos que no necesita.

8. Haga de la gratitud una parte de su vida

La gratitud nos ayuda a responder positivamente a las circunstancias de nuestra vida y a cambiar nuestra actitud durante los momentos de estrés. Hágala parte de su vida durante las dificultades, así como en los períodos de abundancia. Empiece a concentrarse en las bendiciones y no sólo en los problemas.

9. Practique la generosidad

Dar nos ayuda a reconocer cuánto hemos sido bendecidos y qué más tenemos para ofrecer. Nos permite encontrar la realización y el propósito de ayudar a los demás. Cuando actuamos generosamente, asumimos una mentalidad de abundancia, y esto puede ayudarnos a abrazar el minimalismo.

Vale la pena señalar que la generosidad nos lleva a la satisfacción, y no al revés. No debemos esperar a estar contentos antes de actuar generosamente.

10. Renueve su compromiso diariamente

Dondequiera que vayamos, estamos inundados de publicidad. A veces, se puede sentir abrumador. Debemos seguir rechazando estas ideologías consumistas y mantenernos fuertes frente a los excesos destructivos. Para una libertad total, debemos cultivar la autoconciencia y volver a comprometernos con nuestros objetivos todos los días.

Acción de Inicio Rápido Pasos para liberarse del Gasto Compulsivo de una vez por todas

En un momento u otro, todos hemos estado atrapados en el gasto excesivo y su ciclo destructivo. A pesar de nuestras mejores intenciones, a veces puede ser difícil detener las compras por impulso. Y tan pronto como empezamos a gastar impulsivamente, puede ser difícil mantener nuestras finanzas en el buen camino.

Aunque no es reconocido formalmente por la investigación médica, el gasto compulsivo es un problema serio, y ha ido en aumento en los últimos años. Sus gastos se vuelven compulsivos cuando están fuera de control, son excesivos y resultan en problemas legales, sociales o financieros.

Algunas personas ven el gasto como un refuerzo de la confianza, ya que piensan que comprar cosas nuevas las hace parecer más glamorosas y prósperas de lo que son. Y por supuesto, el público está inundado de vallas publicitarias, anuncios impresos, comerciales y otros anuncios para atraer a cualquier persona con un hábito de gasto compulsivo.

Para evitar compras innecesarias, usted debe saber lo que está comprando y concentrarse exactamente en lo que se ha propuesto hacer. Esta es una forma segura de protegerse contra los gastos excesivos.

Si sus finanzas se le están yendo de las manos, usted puede recuperar algo de control con este plan paso a paso.

1. Llegar a la raíz del problema

Los gastadores compulsivos acumulan muchas cosas, pero esa no es la raíz del problema. Usted debe considerar lo que realmente está comprando. Sobre todo, el gasto compulsivo es una respuesta a un problema emocional.

Una persona puede estar lidiando con ansiedad, depresión, enojo o pena. Estas emociones pueden desencadenar el gasto, lo que puede resultar en vergüenza, miedo, culpa, sentimientos de insuficiencia, duda y muchos otros.

Usted debe identificar sus factores desencadenantes e intentar controlarlos. Se recomienda buscar terapia profesional o grupos de apoyo para ayudarle a manejar su problema de gastos.

También deberá considerar hablar con un amigo, a veces pueden ser buenos terapeutas.

2. Pague en efectivo

Las personas tienden a gastar más cuando pagan con tarjetas de débito y de crédito. No es de extrañar por qué. Cargar facturas a un pedazo de plástico puede hacer que se sienta desconectado del dinero. Es más fácil ignorar lo que el costo significa para su situación financiera, y esto fácilmente puede resultar en gastos excesivos.

El gasto se siente real cuando se sacan billetes de la billetera. Empiece a reservar una parte de sus ingresos expresamente para facturas y retire el resto en efectivo.

Probablemente usted no tendrá un gasto excesivo compulsivo ya que puede entender que tiene una cantidad limitada de dinero.

3. Califique sus compras

Añada a cada artículo que compre un puntaje basado en cuán necesario es para usted. Cuanto más necesario sea, mayor será la puntuación. Cuando mire hacia atrás en sus compras, verá cuánto puede ahorrar eliminando las compras innecesarias. Al eliminar los elementos de baja puntuación, se sorprenderá de cuánto puede ahorrar.

Sin puntuar los artículos que compra, puede ser difícil saber qué compras son las que más le importan. Tarde o temprano se le acabará el dinero, con un exceso de elementos de baja puntuación y posiblemente una falta de las cosas de alta puntuación que realmente necesita.

4. Espere por lo menos 20 minutos antes de comprar algo

Cuando ve algo que quiere comprar, su cuerpo se apodera de su mente y puede ser difícil pensar racionalmente. Para evitar el impulso de gastar, trate de esperar por lo menos 20 minutos antes de hacer una compra. Después de ese tiempo, usted puede darse cuenta de que realmente no quiere el artículo y resistir el impulso de gastar.

5. Encontrar conexiones sociales

Los gastadores compulsivos gastan su dinero en bienes materiales porque están tratando de llenar la necesidad de una conexión humana con las compras. La verdad es que nunca se tiene suficiente de las cosas que no se necesitan. Es por eso por lo que usted debe aprender a llenar su vida con actividades y conexiones sociales en su lugar.

Estas actividades pueden incluir clubes, aprender una nueva habilidad, grupos de caridad o deportes.

Muchas personas ven las compras como el centro de su vida social, pero no tiene por qué ser así. Cuando usted llena su vida con experiencias nuevas y significativas, habrá cambios en la forma en que gasta y mejorará su satisfacción en general.

6. Preste atención a sus patrones de gasto

Usted necesita saber a dónde va su dinero. Controle cómo gasta durante un mes y busque una tendencia. Usted podría sorprenderse por la cantidad de dinero que pierde en actividades insignificantes como almorzar fuera o tomar cafés con frecuencia.

Tome nota de sus gastos necesarios y enumérelos como sus prioridades. Estos incluyen

- Refugio y servicios públicos
- Comida
- Transporte
- Ropa básica

Dicho esto, sus necesidades no son razón para derrochar. No tiene que comprar ropa nueva cada semana o salir a cenar cada noche. Revise sus gastos mensuales para que pueda encontrar maneras de recortar los gastos. ¿Necesita esa lujosa antena satelital cuando puedes transmitir sus espectáculos preferidos en el Internet? ¿Qué hay de los $40 de la membresía del gimnasio que no ha usado en cinco meses? Preguntas como esta le ayudarán a mantenerse en el camino hacia un gasto saludable.

7. Gastar dinero con un propósito

Después de preparar un presupuesto mensual, elabore un plan de gastos que lo acompañe.

Si necesita entradas para conciertos o ropa nueva, asegúrese de añadirlas a sus categorías de presupuesto después de priorizar sus necesidades.

Sólo tiene que retirar el dinero que necesita y clasificarlo en sobres etiquetados. Por ejemplo, si usted elige asignar $200 cada mes para los comestibles, reserve $100 después de recibir el primer cheque de pago y téngalo en un sobre de comestibles. Agregue la cantidad restante cuando reciba el segundo cheque de pago.

Si su línea de trabajo tiene un flujo de caja impredecible, considere la posibilidad de crear un presupuesto para ingresos irregulares.

Puede utilizar una aplicación de presupuesto gratuita para crear su presupuesto al instante. Le ayudará a planear, monitorear su deuda, hacer un seguimiento de sus gastos y monitorear su proceso de ahorro.

8. Compre con un objetivo

Todos hemos comprado cosas que no planeamos. Vas al supermercado y todo lo que necesitas es pasta de dientes y champú, pero tan pronto como entras por la puerta, terminas llenando la canasta con cosas que probablemente sólo usará una vez. Un viaje corto a la tienda puede resultar costoso cuando usted es un gastador compulsivo.

Nadie planea desviarse cuando está de compras, pero si a menudo se encuentra gastando cantidades innecesarias de dinero, considere la posibilidad de planear su viaje de antemano. Siempre y cuando se atenga a su plan, no tendrá que preocuparse por los gastos excesivos.

9. No gaste dinero en comer fuera de casa

Cambiar sus hábitos de gasto en alimentos es una manera eficiente de reducir los gastos. Muchos no se dan cuenta, pero cenar fuera puede resultar caro muy rápido. Si usted gasta $20 en almuerzo cuatro veces por semana, le costará $80 por semana y $320 por mes.

En lugar de salir a comer fuera todos los días, haga un plan de comidas para una semana y compre los comestibles necesarios en la tienda. Asegúrese de traer una lista para que sólo compre lo que piensa usar para sus comidas caseras.

La hora del almuerzo ofrece una oportunidad perfecta para reducir gastos. Considere llevar el almuerzo al trabajo todos los días. Hágalo simple. Prepare las comidas los domingos o tómese unos veinte minutos cada noche para preparar un sándwich.

Esto no significa que no deba darse el gusto, sólo significa que tiene que atenerse a su presupuesto. Después de todo, usted todavía puede hacer deliciosas y rentables comidas caseras.

10. Resistirse a la venta

Todos amamos una buena oferta. Los minoristas lo entienden bien y saben que las ofertas llamativas son irresistibles para sus clientes.

Si alguna vez has comprado algo que no querías comprar sólo porque tiene un 30% de descuento, significa que pagaste un 70% más de lo que querías. Eso no es ahorrar dinero en absoluto; usted todavía está gastando. Usted tendrá que practicar la autodisciplina cuando vea una oferta en la tienda. Recuérdese que guardar todo su dinero es mucho mejor que ahorrar un 30%.

11. Desafíese a sí mismo para alcanzar nuevas metas

Fortalezca su fuerza de voluntad dándose nuevos desafíos. Por ejemplo, trate de comprar lo que necesita durante un mes. Le sorprenderá lo poco que necesita.

Esto también le dará la oportunidad de identificar lo que realmente no necesita. ¿Le gusta pagar su membresía mensual al gimnasio porque le ayuda a mantenerse activo? Entonces quédasela. ¿Le gusta ir a un quiropráctico porque le mantiene la espalda en buena forma? Sigue yendo. Si encaja en el presupuesto y es bueno para usted, entonces siga disfrutándolo.

Capítulo 2 - Comience a ahorrar dinero

¿Alguna vez se ha preguntado adónde va ese dinero? ¿Gana mucho dinero, pero sigue viviendo ajustado? ¿Mira a veces sus ahorros y siente que podría hacerlo mejor?

Si la respuesta a cualquiera de estas preguntas es "sí", entonces no estás solo. Usted se sorprendería por el número de personas de altos ingresos que no pueden ahorrar ni un centavo.

La mayoría de las personas que viven ajustados culpan de sus problemas financieros a las compras de estilo de vida, tales como el entretenimiento y la comida. La mayoría afirma que su falta de disciplina sigue impidiéndoles alcanzar sus objetivos. Su dinero se pierde en cosas que podrían evitarse con un poco de esfuerzo extra.

Si desea alcanzar sus metas financieras, debe aprender más sobre sus hábitos de gasto, crear planes infalibles para ahorrar dinero y cultivar la autodisciplina ante la tentación. ¿Cómo se consigue todo esto? Hablemos de ellos individualmente.

Averigüe dónde diablos va todo su dinero cada mes.

Es bueno tener un presupuesto, pero si no está haciendo un seguimiento de sus gastos, perderá el control de este presupuesto fácilmente, lo que anulará todo su propósito. Correrá el riesgo de fijarse metas poco realistas que nunca alcanzará.

Este es el ciclo en el que la mayoría de las personas caen. Si desea hacer un cambio, debe hacer un seguimiento de sus gastos. Así es como funciona:

Pasos para hacer un seguimiento de sus gastos

1. Crear un presupuesto

Necesita un presupuesto para hacer un seguimiento de sus gastos. Sin uno, sería imposible. Un presupuesto muestra sus ingresos esperados y todos los gastos por categoría.

Un presupuesto no lo controla, lo ajustas a su gusto. Sirve como guía para asegurar que su dinero haga lo que usted le dice que haga.

Hay tres pasos para crear un presupuesto:

- Escriba su ingreso mensual.

- Anote sus gastos mensuales.

a) Comience con renta, comida, transporte y ropa.

b) Cuando las necesidades estén cubiertas, enumere otros gastos como comer fuera, servicios de transmisión de televisión, ahorros, membresías en gimnasios, etc.

- Asegúrese de que sus ingresos menos los gastos sean cero.

2. Registre sus gastos

Lleve un registro de sus gastos todos los días. Si no consigue mantenerse al día con lo que gasta, se sentirá como si estuvieras en una tierra de fantasía donde el dinero nunca se agota. Esto sería genial - excepto que no es el mundo real. El dinero se agota, y cuando se agota, las consecuencias pueden ser muy graves.

3. Mire esos números

Asegúrese de que cuando anote sus gastos, haga un seguimiento de cuánto queda en la categoría. De esta manera usted tendrá una mejor idea de cuando el costo de algo es demasiado alto.

Si está casado, hable con su pareja y asegúrese de que ambos registren todos los gastos que se produzcan. Asegúrese de comunicarse entre sí antes de gastar. Esta práctica es excelente para encender una gran comunicación y responsabilidad.

Los presupuestos se pierden cuando no se hace un seguimiento y no se observa cómo se gasta.

4 maneras de hacer un seguimiento de sus gastos

1. Papel y lápiz

Los métodos de la vieja escuela siguen siendo extremadamente útiles. Muchas personas prefieren llevar un registro de su presupuesto en papel. El beneficio de la escritura física es que requiere un cerebro activo. Un cerebro activo recordará más claramente lo que fue escrito, así que todos los números en el presupuesto siempre son cuidadosamente considerados.

La desventaja de este método es que la mayoría de nosotros ya no guardamos copias en papel. Cuando reciba un recibo, debe retenerlo hasta que se actualice el presupuesto.

Es probable que pierda los recibos. A veces simplemente se olvida de pedir uno. A veces ciertas compras no se anotan. Cualquiera de estos problemas puede llevar a un seguimiento problemático.

2. El sistema de sobres

Este método implica el pago en efectivo en persona. Puede crear asignaciones especiales para utilidades, hipotecas y pensiones. Puede hacer un pago con tarjeta de débito en línea o enviar cheques por otros servicios públicos. Pero los gastos que pague en persona sólo deben ser en efectivo.

A principios de mes, coloque el dinero en efectivo en sobres etiquetados con las líneas presupuestarias. Comer fuera de casa, el entretenimiento y los comestibles son los tres ejemplos perfectos. Recuerde llevar el sobre de comestibles con usted cada vez que vaya a una tienda de comestibles. Cuando el sobre está vacío, es cuando dejas de gastar. Usando este método, su dinero se estará rastreando a sí mismo.

Bueno, la verdad es que pagar en efectivo a veces puede ser un inconveniente. ¿A quién le gusta estar al día con las monedas o contar los billetes? ¿Quién quiere entrar en una gasolinera para pagar por adelantado en la caja registradora? Además, con el reciente aumento del comercio electrónico, las opciones de pago en efectivo no siempre están disponibles. Sin embargo, esta es una buena manera de hacer un seguimiento de sus gastos. Eso es porque ver que el sobre se vacía inspirará un nuevo nivel de responsabilidad.

3. Hojas de cálculo de ordenador

Mucha gente se ha vuelto digital y la mayoría de ellos son fanáticos de las hojas de cálculo. Les encanta hablar de los beneficios de las hojas de cálculo, y si no sabes de qué están hablando, es probable que no le importe en absoluto. La realidad es, sin embargo, que las hojas de cálculo ofrecen muchos beneficios. Esto incluye la capacidad de personalizar su presupuesto, utilizar una plétora de plantillas y, por último, pero no menos importante, toda la matemática se hace por usted.

Desafortunadamente, los entusiastas de las hojas de cálculo no siempre encuentran a otros entusiastas de las hojas de cálculo. Es probable que sólo un miembro de la pareja quiera usarlo. Las parejas deben comunicarse abiertamente sobre sus preferencias. No debería dejar que las hojas de cálculo se interpongan en un matrimonio feliz.

Otro problema con las hojas de cálculo es conseguir que el equipo se mantenga al día con los gastos. Si usted no registra estos gastos diariamente, su presupuesto no será un presupuesto en absoluto, sólo una hoja de cálculo con buenas pero vacías intenciones. Todos tenemos buenas intenciones al principio, pero estas no logran sus metas financieras por sí mismas.

Es probable que pase una cantidad decente de tiempo en el ordenador, así que quizás las hojas de cálculo funcionen para usted. ¿Pero sabes qué más estará siempre a su lado? Su teléfono. Esto nos lleva a la siguiente y mejor opción para rastrear los gastos.

4. **Aplicaciones de presupuesto**

Hay muchas aplicaciones de presupuesto gratuitas que crearán un presupuesto en sólo unos minutos. Puede iniciar sesión en su teléfono e ingresar sus gastos en el momento en que ocurran. No tendrá que pasar el día arriesgándose a olvidarse de sus actualizaciones de presupuesto.

Así de conveniente es una aplicación de presupuesto. Algunas de estas aplicaciones le permiten personalizar sus plantillas para alcanzar sus objetivos de ahorro y gasto. Lo mejor es que puede sincronizar su presupuesto con los dispositivos de su pareja y estar en constante comunicación comercial.

No importa el método que elija, haga del seguimiento de sus gastos un hábito si desea alcanzar sus metas financieras. Si no puede rastrear su dinero, siempre se preguntará adónde fue a parar. Pero con las herramientas correctas y la autodisciplina, usted puede lograr victorias financieras.

8 maneras sencillas de empezar a ahorrar dinero al instante

Usted trabaja duro para ganar su dinero, así que también debe trabajar duro para usted. La intencionalidad es la clave para hacer que su dinero vaya más allá. Ser intencional es la manera de empezar a ahorrar más y gastar menos cada mes.

Hay muchas maneras de ahorrar dinero. ¿Por dónde empieza? Empiece fácil. Empiece rápido. Empiece aquí. Estos son 8 consejos sencillos para ayudarle a ahorrar dinero todos los días, semanas, meses o años. Aquí están:

1. Obtenga alternativas más baratas

Si quiere ahorrar dinero, reduzca lo que gasta. Hay maneras de hacer esto para que usted todavía consiga lo que necesita, pero a un costo mucho menor. Por ejemplo, si le gusta ir de compras, considere la posibilidad de aprovechar los cupones. Usted puede ahorrar dinero usando devoluciones en efectivo o cupones de aplicaciones para ahorrar dinero. Muchos le informarán sobre los mejores precios disponibles en ciertos artículos. Puede descargar estas aplicaciones de sus tiendas favoritas y hay muchas maneras de ahorrar dinero con ellas. Puede consultar las ventas, obtener cupones y unirse a los programas de recompensas. Sólo asegúrese de resistir la tentación de comprar en línea.

También puede buscar otras alternativas consiguiendo artículos usados. En lugar de comprar un artículo nuevo, puede comprar algo usado, pero en buenas condiciones a un precio más bajo. Cuando se trata de comprar artículos usados, se requiere su discreción. Algunas cosas no se pueden comprar usadas como llantas y un cepillo de dientes. Pero si está buscando un coche, libros, videojuegos, herramientas o mascotas, entonces puede ahorrar mucho dinero comprando artículos usados con cuidado.

Si le gusta hacer ejercicio y actualmente paga por una membresía de gimnasio, considere otros medios como encontrar videos de entrenamiento en línea. Algunas personas necesitan la interacción humana que obtenemos en el gimnasio, mientras que otras prefieren perder peso sin una membresía, tarifas de clases especiales y un entrenador personal. Si desea quemar calorías sin incurrir en grandes gastos mensuales, considere los servicios de transmisión de ejercicios y los videos de YouTube. Muchos gurús del fitness se han dado cuenta de que necesitamos opciones que no sean DVD que podamos usar en casa, y están creando contenido de alta calidad que podemos disfrutar en cualquier momento desde la comodidad de nuestro hogar.

Aparte de estas opciones, también puede considerar preparar su propio café en lugar de comprarlo, y puede cocinar en casa en lugar de pagar las comidas en un restaurante. Si usted gasta alrededor de $5 por día en su mezcla de barista favorita, le costaría $35 por semana y alrededor de $150 por mes. En lugar de esto, usted puede gastar sólo $20 al mes preparando su propia cerveza y ahorrará $130. Usted puede destinar estos ahorros a cosas más importantes como las vacaciones de sus sueños, la jubilación, un fondo de amortización, o cuales sean sus metas financieras.

En lugar de pagar por una forma costosa de entretenimiento, considere opciones gratuitas. ¿Qué tal libros electrónicos, audiolibros, libros físicos, películas, actuaciones o presentaciones? ¿De dónde saca todo esto? En una biblioteca local, por supuesto. ¡Obtenga una tarjeta de la biblioteca ahora!

Ahorre dinero y diviértase.

2. Elimine las cosas que no necesita

Usted puede ahorrar una cantidad significativa de dinero eliminando bienes, suscripciones y otros servicios que realmente no necesita. ¿Realmente necesita diferentes servicios de música y transmisión de TV? ¿Cuántas revistas o cajas de suscripción aparecen en su correo cada mes? No estoy diciendo que debas evitar estos servicios, pero si no ha pensado en ellos en mucho tiempo, lo más probable es que esté suscrito a servicios que ya no usa, lee o ve. Si desea ahorrar dinero, elimine las suscripciones mensuales para las que ya no tiene uso.

También puede hacer otras eliminaciones evaluando sus opciones de TV. Si usted paga altos precios por los paquetes de cable y sólo termina viendo unos pocos canales, entonces no está solo. Mucha gente se está dando cuenta de que pueden ahorrar una gran cantidad de dinero y aun así ver los programas que quieren eligiendo otras opciones.

Considere Vimeo, YouTube, Amazon Prime Video, Netflix o Hulu. Considere la posibilidad de ver episodios recientemente emitidos en línea. O intenta usar la tarjeta de la biblioteca.

No hay que volver a la época medieval, donde el único entretenimiento era ver una justa. Sólo tiene que cambiar esa factura de cable por una opción más barata pero igual de impresionante.

3. Elimine las prácticas que aumentan los gastos

No espere a que se acumulen los gastos antes de hacer un cambio. Para empezar, considere la posibilidad de hacer elecciones de vida más eficientes desde el punto de vista energético. Algunos de ellos pueden requerir grandes inversiones iniciales, pero al final valen la pena. Para ahorrar en los gastos de la casa, apague las luces cuando salga de casa, compre bombillas de bajo consumo, tome duchas rápidas y compre un termostato programable.

Para ahorrar en los costos de transporte, utilice el transporte público, comparta el auto o considere la posibilidad de ir en bicicleta. Estas opciones ecológicas harán maravillas para sus ahorros, así como para el planeta.

También debe evitar las tarjetas de crédito para no tener deudas. Un gran primer paso para avanzar es dejar de atrasarse. Eso suena lógico, ¿no? Las tarjetas de crédito son formas fáciles de atrasarse. Después de todo, así es como se acumula la deuda en primer lugar. La deuda nos da la ilusión de la propiedad. Sin embargo, mantiene oculta la verdadera propiedad, ya que es como una nube gris y flotante de obligación.

Deje de usar tarjetas de crédito, y empezará a ser dueño de verdad. En lugar de hacer pagos de deudas, ¿qué tal hacer ahorros? No sólo es un cambio de vida que le da poder, sino que se lo agradecerás a si mismo más adelante.

Una vez que se haya deshecho de las tarjetas de crédito, considere eliminar la información de su tarjeta de débito de las tiendas en línea. La forma más rápida de gastar dinero en estos días es a través de la función "one-click". Esto es cuando los sitios web almacenan su información de pago y hacen las compras demasiado fáciles con tan solo un clic. Cuando comprar es tan fácil, es muy probable que se gaste demasiado. Tómese su tiempo para recuperar su billetera, saque su tarjeta de débito y haga el tedioso trabajo de ingresar todos los números. Al realizar este arduo proceso, considere si esta compra vale la pena. Imagínese haciendo esa transacción y cómo afectará su presupuesto. Si usted todavía piensa que es una buena idea después de pensarlo bien, entonces siga adelante como lo planeó.

También puede reducir sus gastos futuros realizando una comprobación de mantenimiento de los objetos domésticos, como electrodomésticos y automóviles. La mayoría de estas cosas pueden ser muy costosas al reemplazarlas o repararlas, y una revisión mensual de rutina puede ahorrarle dolores de cabeza financieros en el futuro. Haga que limpien, revisen y llenen de aire las llantas cuando sea necesario. Limpie las rejillas de ventilación de la casa y recuerde revisar el desgaste de los electrodomésticos.

Algunas veces un simple tornillo, arandela, reemplazo de tornillo o limpieza puede mantenerlo funcionando eficientemente.

Antes de comprar, siempre debe pensar en ello. Usted no quiere incurrir en gastos enormes por algo que no va a usar. Siempre duerma pensando en una gran decisión antes de dar el paso. Tal vez incluso, tome unos días. Tómese el tiempo para comprobar los precios, comparar sus ventajas y desventajas, y realizar la medición del deseo.

¿Qué es la medición del deseo, se preguntarás? Cree que quiere ese moderno maletín para laptop a prueba de intemperie en el momento en que lo ve. ¿Pero el deseo se reduce con el tiempo? La compra por impulso puede ser costosa. Practique la paciencia para evitar que su billetera se vacíe.

4. Gastar creativamente

Si desea ahorrar dinero y aun así obtener lo que desea, considere formas creativas de encontrar un equilibrio. Por ejemplo, una cita no tiene que ser cara para ser emocionante. Existe este mito generalizado de que gastar mucho dinero en una cita le garantiza el amor de su vida. La verdad es que el dinero no tiene nada que ver. Puede enamorarse y divertirse mientras sigue siendo ahorrativo.

Considere llenar una canasta de picnic con manzanas, palomitas de maíz, chocolate y un surtido de quesos. También puede llevar a casa comida china para llevar y comer mientras ven su programa favorito. ¿O qué tal si pasan el rato en el parque? Hay muchas maneras de disfrutar de una cita sin hacer sufrir a su cuenta bancaria.

Considere la posibilidad de realizar más actividades al aire libre para divertirse. Estas actividades pueden ofrecer un gran entretenimiento y la mayoría no requieren mucho dinero. Hay muchas cosas sobre la naturaleza que pueden resultar fascinantes. Considere la posibilidad de montar en bicicleta, hacer senderismo, tirarse unos clavados, un viaje de mochileros, kayak, observar las estrellas, paseos por el maíz o levantar las cortinas. Salga, diviértase y ahorre.

5. Venda lo que no necesita

El desorden puede darnos la ilusión de terminación, pero es todo menos eso. El desorden está hecho de cosas que nadie necesita realmente. Puede ser un drenaje de energía, esquinas, armarios y cajones abrumadores por toda la casa.

Usted puede cobrar vendiendo los artículos que no necesita. Publica sobre ellos en línea, llévalos a una tienda de consignación o haz una clásica venta de garaje.

Reduzca el número de posesiones que no necesita, cree un ambiente más tranquilo en su hogar y gane dinero mientras lo hace.

6. Aproveche las ofertas y promociones

Las empresas ofrecen todo tipo de ofertas a sus clientes. Trate de aprovechar estas ofertas y ahorre dinero de esta manera. Por ejemplo, cuando estés en un restaurante, aprovecha los especiales por happy hour. Hoy en día se extiende a las comidas y no sólo a las bebidas.

También deberías considerar aplicaciones de comida. Suscríbase a los boletines de sus restaurantes favoritos y le enviarán promociones y cupones. Al comer a un costo más bajo, usted ahorrará dinero. Y considere la posibilidad de darse de baja de las tiendas o restaurantes que tienden a hacer que gaste más de la cuenta. Esto requiere un cierto conocimiento de sus patrones de gasto.

Revise la parte inferior de sus recibos, ya que algunos restaurantes pueden ofrecer descuentos si realiza una encuesta. Usted puede hacer grandes ahorros a cambio de algo de su tiempo.

También puedes ver anuncios semanales y ofertas "BOGO" (Compre uno y llévese otro gratis). Las tiendas con ofertas "BOGO" están prácticamente rogando que ahorres algo de dinero. Siga este movimiento para ahorrar dinero: cree un plan de comidas basado en las ventas de su tienda. Considere almacenar el congelador y la despensa para el futuro. Tenga en cuenta lo que compró cuando haga planes de comidas para el futuro.

7. **Haga una lista de compras y manténgase en su presupuesto**

Comience por planear sus comidas - decida lo que va a comer en la cena, el almuerzo y el desayuno durante una semana entera. Luego haga una lista de los alimentos individuales que necesitará para hacer que esas comidas sucedan, teniendo en cuenta su presupuesto. Siempre apéguese a la lista que hace. Esto evitará que gaste más de la cuenta y que se olvide de los artículos de su presupuesto de comestibles.

8. **Siempre solicite que se le exima del pago de cuotas**

Cuando se inscribe para algo, puede haber algunos cargos que están involucrados, y siempre terminamos pagándolo. Se sorprendería de lo complacientes que pueden ser ciertas compañías cuando solicita una exención de tarifas.

Hacer eso no lo hará rico, pero algo de dinero extra de las tarifas exentas puede ser útil. No todas las empresas están de acuerdo con esto, pero nunca está de más preguntar.

Cómo desarrollar autodisciplina para evitar gastar más de la cuenta

Comenzamos cada mes con la intención de ahorrar dinero, comprando sólo las cosas que necesitamos, alejándonos de los expositores de ventas y observando de cerca nuestros gastos. A pesar de nuestros mejores esfuerzos, es posible que todavía nos encontremos gastando más de lo que queríamos.

No te castigues, esto nos pasa a la mayoría de nosotros. Hay muchas razones por las que podríamos gastar más de la cuenta. A veces es porque no somos conscientes de nuestros hábitos de gasto. O porque hemos calculado nuestros ingresos, pagos de deudas y gastos incorrectamente. Esto lleva a que los números de nuestra cuenta bancaria bajen más de lo que deberían. Cualquiera que sea la razón, si usted está listo para tomar el control de su dinero, aquí hay algunos consejos útiles que puede aplicar para desarrollar la disciplina personal para dejar de gastar más de la cuenta.

1. Conozca los factores desencadenantes de sus gastos

Para desarrollar la autodisciplina en torno al gasto, debe identificar los desencadenantes físicos y emocionales que lo hacen gastar. Una vez que esté al tanto de estos factores desencadenantes, puede comenzar a eliminar la oportunidad y la tentación de gastar más de la cuenta. Téngalo en cuenta:

Hora del día - ¿Tiene más energía durante ciertos períodos del día? Si ese es el caso, compre sólo cuando tenga más energía. De esta manera, usted tomará decisiones sabias en cuanto a los gastos. Después de todo, podemos pensar claramente cuando estamos menos presionados y más relajados.

Medio ambiente - ¿Existen ciertos entornos que le dan ganas de gastar? Los centros comerciales, las ferias de artesanías, los espectáculos caseros y las vacaciones son algunos ejemplos de ocasiones en las que es probable que usted gaste impulsivamente.

Usted puede luchar contra la tentación de llevar menos dinero con usted o evitar tales ambientes.

Además, si tiene una tienda favorita y a veces se encuentras deambulando por los pasillos en busca de ofertas increíbles, trate de limitar el número de veces que va allí. Si simplemente no puede limitar sus visitas, mantenga su tarjeta de crédito y dinero a salvo de usted mismo, o pídale a alguien en quien confíe que lo haga por usted.

Estado de ánimo - Diferentes estados emocionales y estados de ánimo pueden cambiar nuestros recursos energéticos, haciendo que gastemos más de la cuenta. Por ejemplo, si estamos ansiosos, estresados o molestos, podemos llevar la terapia de venta al por menor un poco demasiado lejos. En lugar de ir al centro comercial, trate de ir al parque o al gimnasio. El ejercicio y el aire fresco harán maravillas para mejorar su estado de ánimo.

Es importante identificar los estados de ánimo que resultan en sus malos hábitos de compra. Una vez que estos estados de ánimo golpeen, vaya a algún lugar donde su billetera no necesite estar involucrada.

Presión de grupo - ¿Gasta más dinero del que debería cuando sales con sus amigos? Incluso nuestros mejores amigos con las mejores intenciones pueden ser una mala influencia, especialmente si también tienen malos hábitos de gasto. Cuando no puede permitirse salir a comer fuera, ir de compras o de vacaciones, está bien rechazar sus invitaciones. Siéntase libre de ser honesto ya que es probable que entiendan.

O en todo caso, sugiera planes que no le hagan gastar más dinero. Puede reunirse para tomar un café en lugar de un brunch, explorar nuevos senderos para caminar en lugar de ir a un concierto o cenar en casa en lugar de comer en un restaurante.

Puede que no estés teniendo cenas elegantes o vacaciones costosas, pero aun así puedes disfrutar de una gran vida social. Con un presupuesto minimalista, sus conexiones sociales no serán sacrificadas.

Si le dice a sus amigos que está tratando de gastar menos, ellos pueden ayudarle en su viaje, y algunos de ellos pueden querer seguir sus pasos. Lo más importante es encontrar amigos que lo apoyen en el logro de sus metas financieras.

Estilo de vida - Si usted está acostumbrado a un estilo de vida determinado, puede ser difícil renunciar a él cuando se enfrenta a dificultades financieras. Pero si el gasto excesivo continúa, usted sólo terminará en peor forma.

Su educación puede haber influido en sus elecciones de estilo de vida. Si fue criado en un hogar donde el dinero era escaso, es posible que sienta la necesidad de gastar más para compensar las cosas que no recibió. Por el contrario, si usted creció en una familia donde el dinero no era un problema, querrá mantener el estilo de vida con el que creció. Esto puede ser financieramente perjudicial si su fuente de dinero no es la misma que solía ser.

La manera más fácil de vivir dentro de sus posibilidades es encontrar alternativas más baratas. Puede que tenga que sacrificar un poco de comodidad, pero es mejor que perder mucha comodidad cuando su cuenta bancaria se pone en números rojos.

2. Enumere sus prioridades

Necesita clasificar sus gastos mensuales en tres categorías principales: deseos, necesidades y ganas de tener. Incluya gastos como pagos de automóvil, renta, comestibles y servicios públicos en la categoría de necesidades. Los artículos como la ropa nueva deben ir bajo la categoría de deseos. Los canales de televisión por cable de primera calidad y el entretenimiento deben figurar en la categoría de "ganas para tener".

Usted debe establecer sus metas en base a estas listas. Considere la posibilidad de fijar las metas en términos positivos, y no como cosas sin las que tiene que vivir. Si siempre gasta $5 cada día en almuerzos de comida rápida, trate de reducir a dos almuerzos de comida rápida por semana. Considere traer el almuerzo de casa para los otros tres días. Los $15 adicionales se pueden destinar a uno de sus otros objetivos. Esto ayudará en la reducción de la deuda y aun así satisfacer sus antojos de comida rápida. Esta autodisciplina puede convertirse fácilmente en un hábito positivo y duradero.

3. **Aprenda a presupuestar dinero**

Sin un plan, no podrá detener el gasto errático. Si no aprendemos cuánto llevamos a casa y cuánto gastamos, seguiremos comprando lo que creemos que podemos pagar. Sólo se dará cuenta después de un mes que ha malgastado dinero cuando su cuenta bancaria esté vacía y no puedas retroceder las decisiones equivocadas. Para evitar esto, aprenda a presupuestar su dinero.

Comience sumando todas sus fuentes de ingresos y luego todos sus gastos fijos como el pago de la deuda, el alquiler, el pago del coche, etc. Los gastos fijos son más fáciles de presupuestar.

Cuando esto se haga, haga una lista de sus gastos variables como gasolina, comestibles y entretenimiento y asigne fondos a cada categoría en base a cuánto ha gastado en el pasado.

Ver cuánto gasta en ropa, entretenimiento y otras necesidades puede ayudarle a ahorrar de lo que no necesita.

Intente probar su presupuesto. Lleve un registro de sus gastos durante un mes y compárelo con lo que ha asignado en su presupuesto. Haga todos los cambios necesarios en su presupuesto en el próximo mes.

4. **Controle sus gastos**

Las pequeñas compras que hacemos pueden sumar una gran cantidad. Si no los rastrea, sus arrepentimientos también aumentarán. El seguimiento de los gastos es la clave para un presupuesto exitoso. Le hará responsable de cada dólar que gaste. Cuando usted sabe adónde va su dinero, le ayuda a tomar mejores decisiones en el futuro.

Mucha gente comienza a hacer un seguimiento de los gastos más grandes, pero es crucial prestar atención a las compras más pequeñas también. Esos almuerzos fuera de casa, los cafés con leche de la mañana, los billetes de lotería o las compras de revistas pueden sumar más de lo que usted espera. Esto puede afectar su presupuesto de manera significativa.

5. Evalúese a sí mismo honestamente

Cada mes, compare sus gastos con lo que pensaba gastar. Es un buen momento para hacerse responsable. Si usted tiende a gastar más de la cuenta en ciertas áreas, esto significa que necesita reducir el gasto en esas áreas.

Tienes que ser honesto contigo mismo ya que la única persona que sufre de esta falta de disciplina es usted. Sosténgase a estándares más altos y sepa cuándo es el momento de ponerse serio con usted mismo.

6. Gastar sabiamente

Separe dinero cada mes para cubrir todas sus facturas y gastos. Ya sea que usted ahorre dinero en su computadora o físicamente, asegúrese de que este sea un hábito al que se acostumbra. Resista toda tentación de gastar dinero en otras cosas que no sean los gastos.

Pague tantas cuentas como pueda. Por ejemplo, pagar más por la factura de su tarjeta de crédito reducirá su saldo adeudado rápidamente y ahorrará dinero en intereses.

Puede comprar un "deseo" cada dos meses para no sentirte privado.

Resista la tentación de conseguir un bolso nuevo o un aparato de última tecnología que esté de moda. En su lugar, ponga estos artículos en su lista de deseos de cumpleaños o para cualquier otro día festivo que usted celebre. También puede juntar dinero en un frasco para ese artículo, y poner el cambio de su bolso o bolsillo en él todas las noches. Si usó un cupón en una tienda, ponga la cantidad que ahorró en el frasco. Trate de vender los artículos no utilizados en línea o en una venta de garaje, y ponga el dinero que ganó en el frasco de ahorros.

Se sorprenderá de lo fácil que es acumular dinero sin quitarle nada a sus cuentas mensuales.

7. Pagar los gastos

Haga que sea fácil resistirse a las compras impulsivas. Considere llevar sólo el dinero en efectivo que ha presupuestado. Y tal vez, permítase una tarjeta de crédito de bajo interés sólo para cuando realmente la necesite.

Utilice ingresos inesperados -reembolsos de impuestos, regalos de cumpleaños, bonos anuales- para pagar una tarjeta de crédito o un préstamo con altos intereses. Recuerde que invertir dinero extra en sus necesidades le permite incursionar en los gastos principales y pagarlos antes.

8. Recompénsese a sí mismo

Recompénsese cuando haya alcanzado metas significativas. Por ejemplo, después de haber pagado una cuenta enorme o haber mantenido con éxito la autodisciplina durante un largo período de tiempo.

Después de alquilar películas por un mes entero, recompénsese con un espectáculo en su teatro local. Si se ha abstenido de salir a comer fuera los fines de semana, recompénsese con una cena cada mes. Usted ha ahorrado dinero y ha progresado hacia hábitos de gastos más disciplinados. Esto es algo que vale la pena celebrar - ¡sólo asegúrese de que la celebración esté dentro del presupuesto!

9. Defina sus motivaciones

Es crucial entender lo que significa para usted lograr la seguridad financiera. Podría significar tener la libertad de hacer lo que quiera. O quizás es viajar, pasar más tiempo con la familia, o más tiempo para escribir una novela.

Aquí hay otros ejemplos a considerar:

- Retirarse anticipadamente

- Tener más dinero para los pasatiempos

- Crear una ONG.

- Renunciar a su trabajo por realizar una pasión que le ofrezca un salario más bajo o menos estabilidad.

Cualquiera que sea su verdadera motivación, es crucial que la identifique y la tenga en cuenta cuando sienta el impulso de gastar. Trate de averiguar de qué otra manera la autodisciplina financiera puede ayudarle a lograrlo. Sus motivaciones también pueden cambiar con el tiempo. Asegúrese de que puede adaptarse a estos cambios.

10. Deshágase de las tarjetas de crédito

Cuando vaya al supermercado o al centro comercial, tome la cantidad que crea que será suficiente y deje la tarjeta de crédito en casa. A menos que esté seguro de que podrá pagarla pronto, no debe llevar tarjetas de crédito consigo.

De esta manera evitará el gasto impulsivo y el riesgo de endeudarse.

Tener la información de la tarjeta de crédito guardada en su perfil de compras en línea puede hacer que sea fácil gastar impulsivamente. Todo lo que se necesita es un clic, y usted será sólo unos pocos zapatos más ricos y un montón de dólares más pobres.

Cuando borra estos números de tarjeta de crédito, hace que sea un poco menos conveniente comprar artículos innecesarios.

11. Establezca metas financieras a corto plazo

Establecer metas de dinero alcanzables y a corto plazo es una manera perfecta de mantenerse motivado a medida que cambia sus hábitos de gasto. Estos objetivos le recordarán constantemente las razones por las que está reduciendo los gastos.

Y es crucial establecer metas específicas. Un objetivo como 'reducir el gasto en comida fuera de casa' no va a funcionar bien porque no es específico. Necesita objetivos cuantificables como: "Reduciré de 150 a 75 dólares al mes lo que gasto en comida fuera de casa". Estos objetivos le darán un objetivo al que apuntar.

Algunas otras metas a corto plazo incluyen:

- Ahorrar el 10% de todos sus ingresos en una cuenta diferente
- Ceñirse a un presupuesto en efectivo
- Llevar el almuerzo al trabajo durante todo un mes

Independientemente de sus metas, es importante que las mantenga simples, alcanzables y al aire libre para recordárselas diariamente.

Capítulo 3 - Estrategias presupuestarias y planes financieros

Presupuestar y ahorrar no funciona para mucha gente y por razones obvias. Incluso cuando usted tiene un plan bien elaborado, gastar en lo que no es esencial es fácil.

El concepto básico detrás del presupuesto es simple, pero es en la ejecución donde la gente falla. Para ahorrar dinero, todo lo que necesita hacer es no gastarlo. Quiero decir, ¿qué tan difícil puede ser eso? Esto es lo que la mayoría de nosotros nos decimos a nosotros mismos cuando tratamos de establecer hábitos de dinero, pero algo siempre nos hace perder el enfoque.

Hay muchas estrategias para generar un presupuesto. Diferentes estrategias funcionan para diferentes personas. No encontrará una sola estrategia de presupuesto que funcione para todos. Con la planificación, la diligencia y la perseverancia adecuada, es posible crear y mantener un presupuesto eficaz.

Antes de implementar un presupuesto o plan financiero, usted necesita saber la razón para hacerlo. Si no lo hace, lo más probable es que no quiera crear un presupuesto. E incluso si usted crea un presupuesto, no es probable que se aferre a él si no sabe por qué existe en primer lugar. Tal vez usted ha sido imprudente con sus gastos y quiere dejar de comprar por impulso inmediatamente. O tal vez usted está en un plan de pago de deudas. O quizás usted es bueno con su dinero, pero no está haciendo grandes progresos en sus metas a largo plazo. Cualquiera que sea la razón, comience a definir por qué desea crear un presupuesto. Esto te mantendrá concentrado.

También tendrá que determinar sus prioridades. El presupuesto no se trata sólo de matemáticas y números. Se trata de vivir de la mejor manera posible mejorando su relación con el dinero. Se trata de averiguar lo que es importante para usted y luego cambiar sus hábitos de gasto para alcanzar sus metas y valores.

Si tiene metas de dinero, escríbalas. Concéntrese en las principales prioridades. Lo más importante a la hora de concentrarse en las prioridades es la honestidad. Si sus prioridades son deshonestas y no reflejan sus valores personales, se encontrará en conflicto al tomar decisiones cruciales. L e resultará difícil mantenerse motivado y en la tarea. Sea usted mismo cuando se trata de presupuestar.

Usted también tiene que monitorear su flujo saliente. Es importante hacer esto antes y después de crear un presupuesto. Esto se debe a que puede ser imposible saber cuánto asignar a ciertos artículos sin saber cuánto gasta en un mes. Hay muchas aplicaciones y servicios que le permiten separar el gasto en categorías.

Podría descubrir algo que le sorprenderá. Podría darse cuenta de que, si bien siente que no gana lo suficiente, gana más que lo suficiente para cubrir todos sus gastos y aun así ahorrar para una emergencia. Saber dónde está parado le ayudará a averiguar dónde quiere estar. Si se entera de que gana lo suficiente para ahorrar todos los meses, es posible que desee ver dónde puede recortar para comenzar a ahorrar en fondos de emergencia.

Ahora que usted sabe lo que se necesita para implementar una estrategia de presupuesto, podemos echar un vistazo más profundo.

4 poderosas estrategias de presupuesto para alinear sus gastos con sus metas de ahorro de dinero

Hay muchas maneras de abordar su presupuesto. Algunos son muy simples, mientras que otros son más complejos y detallados. Ningún método es mejor que el otro. Sólo tiene que encontrar un método que se ajuste a sus objetivos y personalidad. Los más comunes son:

1. **Regla de presupuesto 50/30/20**

Con esta regla, usted gasta el 50% de su sueldo en necesidades como deudas, seguros, comestibles, servicios públicos y vivienda. El 30% se destinará a lo que quieras. Estas son las cosas de las que puedes prescindir, pero que sin embargo te hacen feliz. El 20% restante de sus ingresos se destina al ahorro. Esto podría ahorrarse para la jubilación, para trabajar en pros de metas o para poner su dinero en una inversión. Utilícelos para ahorrar para un automóvil, unas vacaciones de ensueño, el fondo para la universidad de sus hijos o una casa.

Por lo tanto, si usted gana $5,000 cada mes, $2,500 deben ir hacia sus necesidades. Se pueden gastar $1,500 en sus deseos, y el resto debe ser ahorrado.

Algunas necesidades son obvias, pero averiguar si algo es un deseo o una necesidad puede ser un desafío. Por ejemplo, la ropa de trabajo sería una necesidad, mientras que la ropa de moda para salir se clasificaría como deseos. Es posible que necesite un servicio de suscripción mensual para realizar copias de seguridad de sus archivos digitales en la nube, pero un servicio de transmisión de música sería un deseo.

Es vital categorizar sus necesidades y deseos si quiere mantenerse en el camino correcto.

2. **Presupuesto de suma cero**

En esta estrategia de presupuesto, cada dólar que usted gana se le asigna un trabajo. La cantidad de dinero que usted gana menos sus gastos debe ser cero.

Por lo tanto, si su ingreso total es de $5,000 por mes, busque un lugar a donde vaya a ir ese dinero. Usted debe dividir su presupuesto en diferentes categorías. Considere los gastos relacionados con el automóvil, comer fuera de casa, alquiler y servicios públicos, artículos personales, comestibles, deudas y seguros. Si usted ha cubierto todos sus gastos y todavía le quedan $500, necesita asignar una tarea a los dólares restantes.

El valor de esta estrategia de presupuesto es que no deja nada sin algo para hacer. Cada dólar se contabiliza y se utiliza de la forma que usted desee.

La mejor manera de abordar un presupuesto de suma cero es anotarlo todo. Averigüe su ingreso anticipado antes de que comience el mes, luego cree un presupuesto en el cual esos dólares irán y haga los ajustes requeridos a medida que avance.

3. Anti-presupuesto

Contrariamente a lo que sugiere el nombre de esta estrategia presupuestaria, sigue siendo una especie de plan de gastos. En esta estrategia, no tendrá que preocuparse por categorías específicas. Pagas sobre la marcha. La cuestión es que primero debe pagar por sus prioridades.

Esta estrategia de presupuesto es perfecta para aquellos que quieren presupuestar, pero tienen problemas para empezar. Esto requiere coherencia y comprensión de sus prioridades.

Defina sus prioridades y haga de las necesidades una prioridad antes de considerar los deseos. Gasta lo que tengas en las necesidades, y cuando todo esté pagado, puedes gastar el resto en lo que quieras.

4. Presupuesto de flujo de dinero

Con esta estrategia de presupuesto, se requiere un poco de ensayo y error.

Cuando haya calculado cuánto necesita cada mes para pagar todos los gastos, puede crear un flujo de dinero. ¿Cómo funciona eso? La mejor manera es averiguar cuáles son todos sus gastos recurrentes y establecer un pago automático para cada uno de ellos. Esto incluye necesidades fijas como servicios públicos y alquiler. Usted pagará estos gastos directamente de su cuenta corriente. Después de que el dinero fluye el día de pago, sus cuentas se pagan tan pronto como se vencen. No tendrás que tocar nada.

Esta estrategia de presupuesto es la mejor para aquellos que quieren olvidarse de cuando se vencen las facturas. Usted debe sentirse cómodo con la automatización del pago de facturas y, por supuesto, debe hacer el esfuerzo de organizarlo desde el principio.

Cuando todos los gastos fijos hayan sido pagados, tome el resto de sus ingresos y haga un presupuesto. Esto significa que usted sólo monitoreará el gasto discrecional y variable. Esto incluye gasolina para el auto, entretenimiento, comestibles, etc. Si le apetece, también puede transferir este dinero a una tarjeta de débito o a una cuenta bancaria separada.

Mejor aún, si el auto monitoreo funciona bien para usted, puede usar una tarjeta de crédito para administrar los gastos variables. Sólo asegúrese de pagar el saldo en su totalidad cuando termine el mes.

Usted todavía tendrá que revisar sus gastos regularmente y hacer cambios si siente que no está progresando. El resultado ideal de esta estrategia es que usted hará menos trabajo mensual y estará al tanto de todo lo que sucede con su dinero. Incluso si la mayor parte del trabajo es automatizado, esto no significa que usted tiene que dejar de prestar atención.

Una de estas estrategias será adecuada para usted; sólo tiene que descubrir cuál es. El enfoque que elija depende de cómo trabaja mejor, cuánto trabajo puede realizar y los detalles que desea insertar en su presupuesto. Lo más importante es que usted priorice la elaboración de un presupuesto.

Asegurarse de que la ejecución de la estrategia presupuestaria sea satisfactoria

1. Utilice su presupuesto

Un presupuesto es inútil si no se usa. Cuando haya identificado una estrategia presupuestaria que le parezca adecuada, considere la posibilidad de probarla. Las finanzas personales implican mucho ensayo y error. No se preocupe si prueba una estrategia y no funciona. Intente con otro en su lugar.

2. Actualice su presupuesto regularmente

Siempre encontrará espacio para mejorar. Acostúmbrese a revisar y cambiar su presupuesto a intervalos regulares para obtener los máximos beneficios de su dinero. Presupuestar lleva tiempo. Haga un presupuesto, viva con él, y con el tiempo notará lo que no funciona, y podrá ajustar en consecuencia.

No hay reglas que pueda aplicar para mejorar su presupuesto. La satisfacción personal debe ser su guía. ¿Está satisfecho con la administración mensual de su dinero? Si no lo está, considera por qué.

3. Usar los hábitos existentes para crear otros nuevos

Considere un hábito establecido y utilícelo para implementar uno nuevo. Por ejemplo, digamos que siempre toma café todas las mañanas antes de ir a trabajar. Si usted quiere ser mejor en la comprobación de cuánto dinero queda en su presupuesto, conecte estos dos hábitos. Después de tomar una taza de café, considere usar una aplicación de dinero o ingresar a su cuenta bancaria para verificar el saldo. Revisar su saldo cada vez que toma una taza de café hace que sea fácil de recordar. El nuevo hábito de controlar su presupuesto es fácil de implementar cuando lo vincula a un hábito al que está acostumbrado.

15 pasos sencillos para crear un plan financiero que le permita ahorrar más y ganar más dinero

Un plan financiero es una hoja de ruta para guiarlo hacia un futuro mejor. Se extiende más allá de sólo invertir y presupuestar. Un buen plan financiero le ayudará a navegar por los principales hitos financieros.

Un plan financiero actúa como un conjunto de principios o reglas por los cuales usted vive. Las reglas de su plan financiero deben ayudarle en el gran esquema de su vida. Usted necesita tener un plan financiero flexible que le permita ajustar el curso cuando la vida se torna difícil. Los principios básicos pueden seguir siendo los mismos, pero las finanzas pueden cambiar rápidamente cuando se casa, compra una casa, tiene hijos, sufre de una discapacidad o enfermedad, se divorcia, se prepara para la jubilación o viajas por todo el país. Un plan financiero debe actuar como una brújula para volver a encaminarse.

Su asesor financiero puede ayudarle a establecer un plan, pero la mayoría de los asesores se centran en la venta de productos como seguros, inversiones e hipotecas. Lo más probable es que no le pregunten dónde quieres estar en los próximos cinco años. Además, es posible que no entiendan realmente sus necesidades de dinero a corto y largo plazo.

Una mejor opción es trabajar con un asesor monetario de pago. Ellos analizarán su salud financiera y elaborarán un plan para ayudarle a alcanzar sus metas. El único problema es que hay pocos asesores que sólo cobren honorarios y un plan integral puede costarle miles de dólares.

Otra buena idea es crear un plan financiero básico. Este proceso le hará pensar en el dinero de maneras que nunca había considerado.

Aquí están los pasos más sencillos para ayudarle a crear su plan financiero:

1. Identifique sus objetivos

Usted debe decidir con precisión lo que quiere de sus finanzas y qué estrategias le ayudarán a lograrlo.

¿Tiene hijos que se espera que asistan a la universidad algún día? Si es así, usted necesita ahorrar dinero para que eso suceda.

¿A qué edad piensa jubilarse? Saber esto le ayudará a calcular su meta y cuánto tiempo tiene para alcanzarla.

¿Quiere salir de la deuda completamente? Si es así, sume todas sus deudas y determine cuánto tiene que pagar cada mes para saldarlas en un período de tiempo determinado.

También puede trabajar con un planificador financiero para alcanzar las metas más realistas y que valgan la pena. A veces los planificadores les dicen a sus clientes lo que quieren oír, pero un buen planificador les dirá lo que necesitan oír.

Además, recuerde que pagar a su planificador financiero es un gran desperdicio si no utiliza sus consejos. Sería como ir al médico y luego no tomar el medicamento recetado.

Cuando haya establecido sus metas, identifique un plan sólido.

2. Elaboración de un presupuesto

Toda planificación financiera requiere que usted gaste menos dinero del que gana. Ya sea que su meta sea jubilarse temprano o pagar su hipoteca, usted necesita dinero extra para hacer realidad dicha meta. Por eso necesita un presupuesto. Usted encontrará que muchas personas se saltan este paso, razón por la cual nunca logran metas financieras significativas.

Mucha gente piensa que los presupuestos añaden estrés, pero la mayoría de las veces, hacen lo contrario.

3. **Recorte de gastos**

Identifique los gastos necesarios en su presupuesto. Esto es lo que debes pagar sin importar lo que pase. Luego identifique los gastos que son importantes, pero sin los cuales usted podría vivir. Estos son necesarios, sin embargo, pueden ser cortados hasta cierto punto.

Identificar los gastos discrecionales. Estos pueden ser deseables, pero no son necesarios. Usted puede eliminar completamente estos gastos sin afectar su supervivencia.

Cuando usted tiene todos sus gastos en categorías apropiadas, es hora de hacer reducciones. Reducir los gastos importantes y eliminar algunos gastos discrecionales.

4. **Eliminar las deudas**

No tiene sentido invertir y ahorrar dinero cuando está pagando muchos intereses sobre la deuda que debe.

Salir de la deuda requiere disciplina, pero es posible. Si tiene muchas deudas, debe reducir drásticamente sus gastos y aumentar sus ganancias para pagarlas rápidamente. Incluya toda su deuda excepto la primera hipoteca de su casa.

Cuando se le acaben las deudas, establezca sistemas que le impidan volver a endeudarse. Esto incluye apartar dinero para compras grandes y tener el seguro de salud adecuado para que no tenga que asumir deudas médicas repentinas.

5. **Construir un fondo de emergencia**

Cuando esté sin deudas, considere la posibilidad de crear un fondo de emergencia que pueda cubrir sus gastos durante seis meses. Este colchón le permitirá dejar sus inversiones en paz durante los momentos difíciles. Esto sólo debe usarse para emergencias reales como la pérdida de empleo, para proteger los ahorros e inversiones de jubilación.

Si tiene que recurrir al fondo de emergencia, concéntrese en devolver el dinero lo antes posible. Si tiene un trabajo inestable, debe considerar ahorrar para cubrir los gastos durante un año en caso de que surja una emergencia.

Si está creando un plan financiero al mismo tiempo que paga la deuda, establezca un fondo de emergencia más pequeño de aproximadamente $1,500 o un ingreso mensual para ayudarle a cubrir gastos inesperados. Esto le asegurará que saldrá de la deuda sin añadir más deuda.

6. **Determine su patrimonio neto**

Averigua dónde está antes de pensar en dónde quiere estar. Cree una declaración de patrimonio neto para hacerse una idea de su situación financiera.

Resuma todos sus activos y reste los pasivos. Lo que queda es su patrimonio neto.

7. **Compruebe su flujo de caja**

Si desea un plan financiero sólido, debe entender cuánto ahorra y cuánto gasta. Puede utilizar una aplicación o una hoja de cálculo para hacer un seguimiento del dinero proveniente de los intereses, salarios y beneficios del gobierno, y del dinero que se destina a pagos de deudas, alquileres y facturas de servicios públicos.

Llene sus gastos mensuales en una columna y los gastos anuales en una columna diferente. Sume los gastos en ambas columnas y luego reste del ingreso neto total sobre una base anual y mensual. Obtendrá su superávit o déficit de flujo de caja.

El seguimiento de su flujo de efectivo le dará una sensación de confianza y control que le facilitará la implementación de los cambios financieros.

8. **Haga coincidir sus objetivos con sus gastos**

Ya que usted ha identificado sus metas y determinado el flujo de caja, es hora de comparar sus metas con sus gastos. ¿Qué tan bien encajan sus hábitos de gastos con sus metas?

Si hay un déficit de flujo de caja, significa que usted no alcanzará su meta, así que tendrá que reducir ciertos gastos para asegurarse de que haya dinero sobrante. Si hay un superávit de efectivo, entonces usted puede comenzar a asignar dinero para alcanzar sus metas.

9. **Revise la cobertura de su seguro**

Muchos planes de empleadores ofrecen una cobertura mínima de seguro de vida. Los cálculos básicos le ayudarán a determinar si cubre lo suficiente. Debe asegurarse de que su seguro de vida sea suficiente para pagar las deudas que debe. Además, debe cubrir diez veces su ingreso cuando tiene hijos menores de 10 años, y cinco veces su ingreso si tiene hijos mayores de 10 años.

10. **Reducir los impuestos**

La mayoría de las familias tienen un plan de impuestos directo y lo más probable es que usted ya se aproveche de los mejores refugios de impuestos cuando es dueño de una casa o cuando contribuye a su TFSA, RRSP y RESP.

Pero si usted trabaja por cuenta propia y depende de los ingresos por alquileres, comisiones o inversiones significativas, puede contratar a un contador para que le ayude en la planificación de los impuestos sobre la renta.

11. Crear una política de inversión

Un buen plan financiero debe tener una declaración de política de inversión que aconseje sobre cómo debe invertirse su cartera.

Cuando escriba su política de inversión en papel, le ayudará a mantenerse al día con las inversiones cuando los mercados se vuelvan volátiles.

Puede crear una política simple. Por ejemplo, hay que indicar que debe invertir en ETFs de bajo costo y ampliamente diversificados o en fondos de índices que se reequilibrarán anualmente para mantener el 25% de los bonos canadienses, el 25% de los valores de renta variable estadounidense, el 25% de los valores de renta variable canadienses y el 25% de los valores de renta variable internacional. El dinero nuevo se agregará a los fondos de menor valor para que usted pueda comprar bajo.

12. Crear un testamento y mantenerlo actualizado

Todo adulto con bienes, hijos y cónyuge debe tener un testamento. Usted necesita un testamento preciso y actualizado para que sus activos puedan ser distribuidos de la manera que usted desea.

La planificación financiera no termina cuando uno muere. Usted debe tomar medidas para lo que podría sucederle a su propiedad cuando usted no esté. Si usted no tiene un testamento, lo más probable es que los sobrevivientes terminen en la corte luchando por sus bienes. Sus activos podrían incluso terminar desapareciendo.

Dedique algún tiempo y reúnase con un abogado de confianza para redactar un testamento que distribuya sus bienes de acuerdo con sus deseos.

Cree uno ahora y podrá hacer ajustes en el futuro si su situación financiera cambia.

13. Ahorrar para la jubilación

Tal vez ha estado ahorrando para la jubilación, incluso si es sólo una pequeña cantidad cada mes. Tan pronto como salga de la deuda, su flujo de efectivo aumentará, permitiéndole ahorrar más dinero para la jubilación.

Si aún no ha comenzado a ahorrar, comience con una cantidad que no perjudique su situación financiera. Su meta debe ser aumentar su contribución cada año.

Puede lograrlo dirigiendo su futuro aumento de sueldo a la contribución. También puede aumentarlo redirigiendo los pagos de la deuda una vez que haya pagado la deuda. Si usted tiene una situación financiera fuerte, se sentirá seguro de contribuir con una cantidad enorme a su plan de jubilación, como cheques de bonificación y reembolsos de impuestos sobre la renta.

14. Ahorrar para otros objetivos

Hay muchas otras razones para ahorrar dinero. Ahorrar para una futura educación universitaria o un automóvil nuevo son ejemplos perfectos.

La razón de ahorrar para estas otras metas es que haya más dinero disponible para otros gastos y para que pueda evitar endeudarse y pagarlos.

No sirve de nada trabajar duro para salir de la deuda, sólo para volver a caer en ella cuando se enfrenta a un gran gasto.

Muchas personas se quedan atascadas en un ciclo de deuda del que nunca parecen recuperarse. Es por eso por lo que un buen plan financiero debe incluir una estrategia de prevención. Esto implica ahorrar dinero para cosas que sucederán en el futuro.

Puede establecer un depósito semanal automático en su cuenta de ahorros. Usted puede ahorrar $150 por semana en lugar de $500 por mes. Las cantidades más pequeñas pueden ser más realistas que las cantidades más grandes.

15. Invertir y diversificar

Cuando haya alcanzado el límite de elegibilidad en las cuentas de jubilación, puede utilizar otras herramientas como anualidades, fondos mutuos o bienes raíces para aumentar su cartera de inversiones.

Usted debe diversificar los tipos de inversiones que realiza. Si usted es cuidadoso y consistente con sus inversiones, habrá un punto en el que las inversiones harán más dinero que usted. Esto es una gran cosa para tener de su lado cuando se jubile.

Cuando esté más cerca de jubilarse, es posible que desee cambiar la forma en que invierte. Realice inversiones más seguras que no se vean afectadas por los cambios del mercado. Esto asegura que usted tenga el dinero que necesita incluso si la economía se derrumba. Cuando se es joven, se tiene suficiente tiempo para que el mercado se recupere. Usted puede conseguir un asesor financiero si necesita ayuda con esto.

Capítulo 4 - Salir de la deuda

Muchas personas tienen planes para pagar sus deudas y la mayoría de ellas fracasan porque no han identificado su verdadera motivación. Usted puede comenzar totalmente motivado para pagar toda la deuda, pero es fácil desanimarse después de haber pasado las etapas iniciales.

Si desea mantener su impulso, debe recordarse continuamente las razones por las que necesita salir de deudas. ¿Cómo le beneficiará pagar su deuda? ¿Qué no puede hacer ahora que puede cuando está libre de deudas?

Si no ha identificado su verdadera motivación, hágalo ahora. Su motivación es la recompensa por la que está caminando. Definirlo le hará darse cuenta de cuánto lo quiere y cuánto está dispuesto a trabajar para lograrlo.

Salir de deudas aumenta su seguridad financiera. Es una grave amenaza para la seguridad financiera. La cantidad que usted gasta en pagos de deudas podría haberse ahorrado para una emergencia, jubilación o para el fondo universitario de su hijo. Estar libre de deudas le permite estar seguro financieramente.

Las deudas también le impiden ahorrar dinero para las cosas que disfruta. Desafortunadamente, esta es la razón por la que la gente se endeuda más. No pueden permitirse las cosas que aman, así que hacen pagos a crédito hasta que ya no pueden pedir más dinero prestado. Pagar todas las deudas le libera de este círculo vicioso y le permite gastar sus ingresos en lo que disfruta.

Las deudas también pueden causar más estrés, ya que usted se preocupa por cubrir los pagos de las deudas y otros gastos. Un poco de estrés ocasionalmente no es dañino, pero el estrés todo el tiempo puede llevar a problemas serios de salud como migrañas y ataques cardíacos. Liberarse de las deudas puede salvarle la vida.

Lo que es desafortunado acerca de las deudas es que mientras a más gente le debe, más cuentas debe pagar. Cuando usted está libre de deudas, tiene menos cuentas cada mes. Sólo tendrá que preocuparse por los gastos básicos como el servicio de telefonía celular, el seguro y los servicios públicos.

Una persona libre de deudas tiene una puntuación de crédito más alta. Una deuda enorme, como una deuda de tarjeta de crédito, tendrá un impacto negativo en su puntaje crediticio.

Una persona libre de deudas también enseña a sus hijos buenos hábitos de dinero con el ejemplo. Si usted quiere que sus hijos se mantengan alejados de las deudas, demuéstreles la importancia de estar libres de deudas y cómo vivir una vida libre de deudas.

Averigüe qué causa las deudas

¿Alguna vez ha considerado la razón por la que tiene una deuda? ¿Alguna vez ha hecho el recuento de estas razones? Todos sabemos que la deuda puede llevarnos a consecuencias desastrosas en nuestras vidas. A veces consume nuestros activos, daña nuestras relaciones y produce un estrés mental intenso.

Muchas personas han caído profundamente en el agujero negro de la deuda financiera. Si bien es posible que conozcamos las razones obvias del por qué, hay otros factores que llevan a la acumulación de deuda.

La mayoría de la gente ha pasado su vida adulta endeudada y no hay nada divertido en ello, pero no tiene por qué definirte.

A pesar de que existen programas efectivos de eliminación de deudas como la liquidación y consolidación de deudas, debemos estar conscientes de las cosas que nos llevan a cometer grandes errores financieros para poder evitarlos.

1. Falta de uso prudente del dinero

El primer error que nos lleva a la deuda es gastar más de la cuenta. Muchas personas se han metido en problemas financieros porque gastaron más de lo que podían permitirse. Esto suele ocurrir cuando no se establece un presupuesto o se crea uno y no se cumple.

Si gasta más de lo que gana, debe aprender a reducir sus gastos. Y una vez que haya recortado sus gastos, es hora de averiguar cómo puede ganar más dinero.

Otra forma en que la gente no usa su dinero sabiamente es no obtener un seguro. Esto ha hecho que muchos individuos y empresas caigan en deudas enormes. Cuando usted tiene un seguro adecuado, especialmente un seguro de salud, usted se mantendrá a flote durante una emergencia.

Lo mismo ocurre con las pequeñas empresas. Si una pequeña empresa no contrata un seguro de responsabilidad civil u otras coberturas de seguro, podría sufrir una pérdida financiera significativa si ocurre un accidente o si es demandada. El seguro de negocios es crucial para todas las empresas para la protección básica.

Algunas personas tampoco ahorran para un fondo de emergencia, por lo que se endeudan enormemente cuando se produce una emergencia. Incluso ahorrar una pequeña cantidad de dinero puede hacer una gran diferencia. Sin un fondo de emergencia, puede ser difícil recuperarse de una emergencia. Tendrá que usar sus ahorros o pagar con crédito. Esto puede conducir a una gran acumulación de deuda.

Algunas personas adquieren el hábito de apostar y terminan perdiendo mucho dinero. Muchos ven el juego como el mejor tipo de entretenimiento, pero es sólo una forma garantizada de darle su dinero a las compañías de juegos de azar. Como los préstamos están fácilmente disponibles en estos días, la gente es adicta a la idea de ganar la lotería y hacerse rica. El juego puede llevar a alguien a tirar su futuro a la basura mientras intenta recuperar el dinero que ha perdido.

2. **Incertidumbre de vida**

A veces pasan cosas en nuestra vida que no esperamos y terminan causando problemas financieros. Por ejemplo, las cirugías médicas pueden ser costosas. Los costos y gastos médicos a veces pueden llevar a la gente a endeudarse. Si alguien ha pasado por una cirugía médica mayor, es probable que su seguro no cubra el costo total. A veces pueden no estar asegurados en absoluto. Cuando esto sucede, podrían fácilmente acumular una deuda enorme. Puede ser difícil evitar el costo masivo del procedimiento, pero todavía se pueden encontrar grandes hospitales que cobran menos que el resto. Usted no tiene que ir a un hospital específico a menos que su seguro lo requiera.

Otra incertidumbre es la inflación. La mayoría de la gente no se da cuenta de cuánto ha subido el costo de la vida. Entre la gasolina, la comida, la vivienda y otros gastos, la mayoría de las personas no recibirán un aumento de sueldo para compensar estos aumentos. Si no pueden recortar los gastos, puede conducir a más deudas. Si usted deja su dinero en una cuenta de ahorros regular, sus ahorros podrían ser despojados debido a la inflación.

Otra razón por la que la gente se endeuda es un cambio de ingresos. La gente tendrá dificultades para pagar las cuentas y rápidamente absorberá los ahorros o recurrirá a las tarjetas de crédito.

Usted también podría mudarse a una casa diferente y la banda de impuestos del concilio podría llegar a ser alta. Tal vez el propietario le aumente el alquiler. La tasa de interés de una hipoteca también podría subir. ¿Cómo va a hacer frente a estos cambios? Esto puede enviar fácilmente a una persona a endeudarse.

El divorcio también puede suponer una carga para los gastos personales. Hay leyes que gobiernan lo que se debe hacer con dinero durante un acuerdo de divorcio. Si una de las partes exige demasiado, la otra podría tener que endeudarse para pagar un abogado, así como lo que la otra parte quiere como parte del acuerdo.

4. **Robo de identidad**

El robo de identidad ocurre cuando un criminal abre ilegalmente una cuenta a su nombre y luego acumula una gran cantidad de deudas. La víctima se quedará con toda la deuda que alguien más acumuló y deberá pagarla. Los casos de robo de identidad han ido en aumento y podría sucederle a cualquiera.

5. **Falta de conocimientos financieros**

Mucha gente no tiene la experiencia o educación financiera necesaria para tomar decisiones financieras acertadas. Pueden terminar dependiendo de las tarjetas de crédito u obteniendo préstamos con altos intereses porque no saben qué es lo mejor que pueden hacer.

Además, un presupuesto deficiente conduce a la deuda. Una persona con buenos conocimientos financieros sabe lo importante que es un presupuesto mensual. Sin un buen presupuesto, no podrá saber adónde va su dinero. Si usted lleva un registro de los gastos durante todo un mes, verá exactamente adónde va su dinero. Aquí es donde usted puede aprender acerca de los gastos innecesarios. Sin esto, usted puede fácilmente gastar más de la cuenta y acumular deudas.

6. **Familias en expansión**

Muchas personas casadas y solteras pueden sentir que tienen mucho dinero extra, pero una vez que deciden tener hijos, eso puede cambiar. A veces las familias pueden tener que renunciar a un ingreso, lo que puede perjudicar sus finanzas. Si usted no tiene un hijo, es posible no entender que los servicios de guardería pueden costar mucho. Se sorprendería de la cantidad de dinero que requieren las guarderías todos los meses.

7. **Impuestos y cargos por altos intereses**

Para la mayoría de la gente, los impuestos federales se han mantenido estables durante años, pero los impuestos estatales, de productos y locales, han seguido aumentando. Esto significa que la persona promedio tiene menos dinero para gastar. Hay impuestos en todas partes y cuanto más dinero ganamos, más se nos gravan.

Muchas cuentas de tarjetas de crédito tienen tasas de interés que exceden el 20%. Esto puede hacer que sea imposible pagar la deuda. Muchos se han endeudado mucho por culpa de las tarjetas de crédito.

8. **Inversiones pobres**

Las personas pueden tener buenas intenciones cuando empiezan a invertir, pero a veces estas inversiones van mal y pierden dinero.

A veces invertir puede ser complicado, pero no tiene por qué serlo. Usted necesita tener cuidado al invertir o de lo contrario podría perder mucho dinero. Considere la posibilidad de mantener sus inversiones simples.

9. **Enterrar la cabeza en la arena**

Si no abre los correos electrónicos en su felpudo, si evita las llamadas telefónicas de sus acreedores e ignora los problemas financieros, se dará cuenta de que se endeudará rápidamente.

Tal vez no tiene suficiente tiempo para ocuparse de sus finanzas o piensa que, si no abre su correspondencia, la situación desaparecerá. Ambas suposiciones son erróneas.

Cuando no se puede hacer frente a la situación, las cosas sólo empeorarán. Si no puede pagar una cuenta del hogar, llámelos. Explíqueles por qué no puede pagar y discuta los planes.

Ignorar una factura puede convertirla en deuda. Usted puede empezar a ver cartas de un abogado o de una compañía de administración de deudas. Ellos empezarán a perseguir estos pagos y esto afectará su puntaje crediticio. Las tarifas también llegarán pronto. Usted puede ser llevado a la corte y se le puede dar un CCJ. Los agentes de la policía aparecerán sin avisar y llamarán a su puerta. Para evitar esto, atienda esas llamadas y deje de evitar esas cartas.

10. Compararse con los demás

Gastar dinero porque siente que necesita las mismas cosas que los demás pronto lo llevarán a endeudarse. Esto es especialmente cierto si usted no puede pagar estas cosas. La mayoría de la gente en la sociedad quiere algo que sus vecinos tienen. La moda cambia cada temporada y los medios de comunicación empujan a los productos a fabricar deseos. Uno puede fácilmente quedar atrapado en derroches.

No importa lo que otros estén haciendo. Deje las comparaciones ahora.

11 técnicas prácticas para ayudarle a salir de deudas - sin importar la cantidad

No importa por lo que esté pasando, ya sea que haya pedido un préstamo o que haya agotado el límite de su tarjeta de crédito, es su obligación devolverlo. Incluso si usted ha enfrentado una experiencia que le ha cambiado la vida como un accidente, la pérdida del trabajo o un aumento en los gastos después de tener un hijo, la deuda no decidirá de repente ser amable.

Los gastos excesivos pueden ocurrir en cualquier momento del año. La mayoría de la gente trata de salir de la deuda, pero la vida se vuelve más dura y algunos terminan rindiéndose. Este no debería ser el caso para usted. Hay mucha gente que sale de deudas todos los días. La mayoría de la gente lo hace en poco tiempo.

Si usted ha comenzado un viaje hacia la libertad financiera, debe tener un plan para manejar sus deudas.

Piensa en ese gran proyecto que estás planeando. Tal vez sea una renovación de la casa, una tarea de la escuela, del trabajo u ordenar el garaje. Algunos proyectos son tan desalentadores que terminamos posponiéndolos por un tiempo. A mucha gente le resulta imposible saldar sus deudas porque tratan con ellos de esta manera.

Aplazan el contestar el teléfono, abrir el correo o hacer cualquier tipo de reparación porque parece una tarea demasiado grande.

Tan tentador como puede ser ceder al estancamiento, la mejor manera de abordar un proyecto de gran envergadura es dividir las tareas en pasos más pequeños que se puedan lograr. Esta misma regla se aplica para salir de la deuda. Aquí están las técnicas que le ayudarán:

1. **Pague más de lo mínimo**

Si usted tiene un saldo de tarjeta de crédito de aproximadamente $15,000, y paga un APR del 15%, y hace un pago mensual mínimo de $600, le tomará aproximadamente 13 años pagarlo. Eso es sólo si no pide prestado más dinero mientras tanto. Esto puede ser un gran desafío.

Ya sea que usted tenga un préstamo personal, una deuda de tarjeta de crédito o un préstamo estudiantil, la mejor manera de salir pronto de la deuda es pagar más que el pago mensual mínimo. Cuando lo haga, ahorrará en intereses mientras paga el préstamo y le ayudará a pagar la deuda antes. Para evitar dolores de cabeza, asegúrese de que su préstamo no le cobre multas por pago anticipado antes de comenzar.

Si necesita ayuda, hay muchas herramientas de pago móviles y en línea que le ayudarán. Ellos le ayudarán a hacer un seguimiento y un gráfico de su progreso a medida que trata de despejar los saldos.

2. Usar el exceso de efectivo para pagar la deuda

Siempre que haya dinero extra en su regazo, úselo para acelerar el proceso de pago de la deuda. Algunos buenos ejemplos de este dinero inesperado incluyen una herencia, las ganancias de la venta de un coche, un reembolso de impuestos, y las ganancias de una apuesta. Cuanto más dinero invierta en el pago de la deuda, más rápido se liquidará. El pago de la deuda no tiene que tomar para siempre. Utilice el dinero que obtenga de su aumento anual o bono de trabajo para acelerar las cosas.

Cada vez que obtenga una fuente de ingresos inusual, desvíe el dinero y úselo con prudencia. Incluso puede utilizar el dinero para compensar el saldo más pequeño, de modo que pueda concentrarse en el más grande.

3. Pruebe el método bola de nieve de la deuda

Considere la posibilidad de probar el método de bola de nieve de la deuda para crear impulso y acelerar el proceso de pago de la deuda.

El primer paso consiste en hacer un listado de todas sus deudas y organizarlas desde las más pequeñas hasta las más grandes. Siempre que tenga exceso de fondos, comience por pagar el saldo más pequeño. Considere hacer pagos mínimos en los préstamos más grandes. Cuando se haya pagado el saldo más pequeño, comience a usar los fondos excedentes para pagar la siguiente deuda más pequeña hasta que la haya saldado y así sucesivamente.

A medida que pase el tiempo, podrá eliminar los saldos más pequeños y dispondrá de más dinero para eliminar los préstamos más grandes.

4. **Conseguir un trabajo a tiempo parcial**

Eliminar la deuda con el método de bola de nieve puede acelerar el proceso de pago, pero ganar más dinero puede acelerar aún más el proceso.

La mayoría de las personas tienen una habilidad o un talento que pueden monetizar. Puede ser cuidar niños, limpiar casas, cortar el césped o convertirse en un asistente virtual.

Hay muchos sitios que pueden ayudarle a ganar dinero extra.

Busque un trabajo a tiempo parcial en su área con un minorista local que pueda necesitar trabajadores temporales para que lo ayuden cuando las tiendas estén ocupadas. Estos trabajos de medio tiempo pueden ayudarle a ganar suficiente dinero para salir de la deuda.

Hay otros trabajos de temporada que puede conseguir. Durante la primavera, hay muchos trabajos en granjas e invernaderos que pueden beneficiarlo.

Durante el verano, puede intentar ser operador turístico, paisajista o socorrista. Durante el otoño, hay trabajos estacionales en parches de calabazas, atracciones de casas embrujadas y para la cosecha de otoño.

No importa la época del año, siempre encontrará un trabajo temporal para ayudar con las finanzas.

5. Haga los pagos de la deuda tan a menudo como pueda

Esta estrategia vale la pena cuando se trata de cuidar de su hipoteca. Cuando usted hace pagos mensuales, terminará pagando más intereses y perderá la oportunidad de aprovechar el tiempo.

El tiempo seguirá avanzando sin importar cómo haga sus pagos, por lo que la estrategia más fácil y menos dolorosa para pagar sus préstamos hipotecarios es acelerar los pagos.

Cambie la frecuencia de sus pagos mensuales a semi mensuales, semanales o quincenales. Esto dependerá de la frecuencia con la que reciba un cheque de pago. Este cambio le ahorrará dinero y tiempo. La mejor estrategia para abordar un gran proyecto es dividirlo en pasos más pequeños.

Hacer pagos frecuentes es también una estrategia perfecta para pagar la deuda de su tarjeta de crédito. Cuanto más a menudo haga pagos, incluso si es sólo con dinero extra, menos probable es que lo desperdicie en algo que no necesitará. Si quiere salir de deudas, busque maneras de hacer pagos tan a menudo como pueda.

6. Crea y viva con un presupuesto básico

Si desea salir de la deuda rápidamente, debe reducir los gastos tanto como sea posible. Puede utilizar un presupuesto básico para ayudarle con esto. Esta estrategia consiste en reducir los gastos lo más posible y vivir una vida sencilla durante el mayor tiempo posible.

Un presupuesto básico es diferente para cada persona, pero debe apuntar a eliminar todos los gastos extras como la televisión por cable, comer fuera de casa u otros gastos innecesarios.

Debe recordar que un presupuesto básico debe ser utilizado temporalmente. Cuando usted está fuera de la deuda, o cuando está más cerca de su objetivo, puede empezar a añadir estos extras de nuevo en su presupuesto.

Tener un presupuesto que haga un seguimiento de sus ingresos y gastos es importante cuando se trata de salir de deudas en poco tiempo. El presupuesto le ayudará a medir su estado financiero para que pueda acercarse a sus metas.

Un presupuesto le mostrará si tiene dinero excedente o si tiene un déficit.

7. Pruebe el método de escalera

El método de escalonamiento implica listar todas sus deudas, comenzando con la deuda que tiene la tasa de interés más alta y terminando con la deuda de bajo interés.

Este método le ahorrará una cantidad significativa de tiempo con el uso continuo. Usted estará ahorrando el dinero que habría usado para intereses cuando salde la deuda con el interés más alto. Cuando se elige esta estrategia, hay que atenerse a ella. Cada mes, ponga todo el dinero que pueda para pagar la deuda con la tasa de interés más alta, mientras sigue pagando los mínimos requeridos en otras tarjetas. Cuando la deuda esté pagada, desvíe los fondos sobrantes a la segunda deuda con la segunda tasa de interés más alta, y así sucesivamente. Es importante no cerrar la cuenta cuando haya pagado el saldo. Esto dañará su crédito. Deja que la cuenta se quede sin fondos por un tiempo.

Si tiene pequeñas deudas que puede pagar fácilmente, hágalo. Le traerá un progreso tangible para que pueda empezar. Cuando lo haya hecho, comience a abordar la tarjeta con la tasa de interés más alta.

8. Venda las cosas que no necesita

Si está buscando una manera de obtener dinero rápido, considere la posibilidad de guardar sus pertenencias. La mayoría de las personas tienen muchas cosas en sus casas que no necesitan. Lo más probable es que nunca las usen. ¿Por qué no vender esos artículos y usar el dinero para pagar la deuda?

Si usted vive en un área que permite una venta de garaje, entonces tal vez eso sea suficiente. Es la manera más fácil y barata de descargar las pertenencias no deseadas y ganar dinero. Si eso no es una opción, considere la posibilidad de venderlas a través de un revendedor en línea, una tienda de consignación o un grupo de venta de garaje en Facebook.

9. Evitar el gasto impulsivo

Si encontrar el dinero extra es lo que le está reteniendo, considere hacer un seguimiento de sus gastos durante algunas semanas para saber a dónde va su dinero. Puede que se sorprenda de sus hábitos de gasto. La mayoría de la gente no se da cuenta de lo rápido que pueden sumarse los pequeños gastos. Tal vez te encanta coger un periódico, comprar café a diario, comprar comida para llevar en lugar de preparar la cena. Estos hábitos de gasto le impedirán ahorrar suficiente dinero para saldar su deuda.

También hay otros hábitos que no se notan fácilmente, por ejemplo, las suscripciones a canales de televisión que nunca se ven, la descarga de aplicaciones y tonos de llamada, la compra de juguetes y regalos en una tienda de comestibles porque es conveniente.

Usted puede conseguir casi todo lo que quiera en cualquier momento en una tienda de comestibles de un supermercado local. Si quiere salir de la deuda, asegúrese de evitar las compras por impulso.

10. Pida tasas de interés más bajas para las tarjetas de crédito y negocie otras facturas.

Si las tasas de interés de las tarjetas de crédito son altas, puede ser imposible avanzar en su saldo. Considere llamar al emisor de su tarjeta y negociar. Puede que usted no lo sepa, pero pedir tasas de interés más bajas sucede mucho. Si usted tiene un buen historial de pagar sus cuentas a tiempo, lo más probable es que obtenga una tasa de interés más baja.

Aparte de las tarjetas de crédito, otras facturas pueden ser negociadas o eliminadas. Recuerde que la peor respuesta que puedes obtener es no. Cuanto menos pague por gastos fijos, más dinero recibirá por el pago de sus deudas.

Si no es de los que negocian, considera la posibilidad de utilizar aplicaciones que revisen su historial de compras. Encontrará tarifas repetidas y suscripciones olvidadas que usted podría querer recortar de su presupuesto.

11. Considerar las transferencias de saldos

Si una compañía de tarjetas de crédito no cambia sus tasas de interés, tal vez sea una buena idea considerar una transferencia de saldo. Hay muchas ofertas de transferencia de saldos y puede obtener un APR del 0% durante 15 meses. Sin embargo, es posible que tenga que pagar un cargo por transferencia de saldo de aproximadamente el 3% por el privilegio.

Algunas tarjetas no cobran un cargo por transferencia de saldo durante los primeros dos meses. También ofrecen un APR introductorio del 0% en compras y transferencias de saldo durante los primeros 15 meses.

Si usted tiene un saldo en su tarjeta de crédito, es factible que pueda pagar durante el período de tiempo, transfiriendo el saldo a una tarjeta con un APR introductorio del 0% podría ahorrarle algo de dinero en intereses mientras le ayuda a pagar su deuda más rápido.

Puede ser fácil seguir viviendo en deudas si nunca ha enfrentado la realidad de la situación en la que se encuentra. Pero cuando ocurra un desastre, obtendrá una perspectiva dolorosamente nueva rápidamente. Uno también puede enfermarse de vivir un estilo de vida ajustado, y considerar otras maneras de llegar a fin de mes.

No importa el tipo de deuda que tenga, ya sea de préstamos para autos, préstamos estudiantiles u otro tipo de deuda, es crucial saber que puede salir de ella. Puede que no ocurra en un día, pero se puede lograr un futuro libre de deudas cuando se crea un plan. Usted tendrá que atenerse al plan para tener éxito.

No importa el plan que tenga, estas estrategias pueden ayudarle a salir de deudas antes de lo que pensaba. Cuanto más rápido salgas de sus deudas, más rápido podrás empezar a vivir una vida que siempre has querido.

Capítulo 5 - Hacer más con menos

Ya sea que tenga alguna reserva en el tanque o que esté viviendo de cheque en cheque, es probable que esté considerando cómo aumentar sus ingresos. ¿Cómo puede ganar más dinero sin perder más tiempo en su día?

Es difícil persistir cuando se tiene problemas financieros, pero ¿qué otras opciones tienen? Al final del día, esto se reduce a la forma en que usted utiliza el dinero que tiene y su mentalidad de dinero. Hay muchos beneficios en el pensamiento positivo, pero eso por sí solo no es suficiente para ayudarle a aumentar sus ingresos.

Debes actuar. Eso es lo que hace falta. Pero antes de actuar, necesita saber qué hacer. ¿Cómo aumentará sus ingresos para tener suficiente dinero a fin de mes? Primero, tendrá que aprender a maximizar el uso de sus ingresos, ahorrar suficiente dinero y cómo invertir y construir sus activos personales.

Aprenda cómo maximizar el uso de sus ingresos

Si encuentra algo de dinero extra en su presupuesto, lo más probable es que lo uses. Aunque pueda parecer divertido usarlo en cosas que siempre ha querido, eso no es algo inteligente. Lo más sabio que puede hacer es gastar dinero en lo que pueda ayudarle a usted y a su familia.

Usted no tiene que poner todo su dinero en una cuenta de ahorros. Si bien es bueno ahorrar algo de dinero para los tiempos difíciles, hay muchas maneras de maximizar el uso de sus ingresos. Aunque estas adquisiciones pueden no ser divertidas para usted, pueden ayudarle a invertir en su futuro. Estas sabias maneras de gastar su dinero le ayudarán a vivir una vida feliz sabiendo que está usando su dinero responsablemente.

1. Pagar la deuda

Si quiere aún más dinero para gastar, pague su deuda. Es una de las maneras más inteligentes de gastar su dinero. Por ejemplo, si usted debe $2000 en una tarjeta de crédito y normalmente le envía al acreedor $250 por mes, ¿por qué no usar la declaración de impuestos para pagar su deuda? Entonces tendrá un extra de $250 cada mes. Si bien es posible que usted tenga planes para ese dinero, obtener $250 por mes puede hacer una gran diferencia en su presupuesto.

2. Comprar un seguro

El seguro es una de esas cosas que esperamos no necesitar nunca, pero si lo tenemos cuando lo necesitamos, puede hacer una gran diferencia. Necesita invertir en un plan que le ayude. Por ejemplo, tener un plan de seguro de salud ayuda a asegurar que usted siempre obtenga costos asequibles, en caso de que se enferme. Esto también se aplica a los seguros de vida, de hogar y de automóvil. Cuando usted tiene un buen plan de seguro, está mejor equipado para manejar los eventos inesperados de la vida.

3. Invierta en un plan de jubilación

Otra excelente manera de maximizar sus ingresos es invirtiendo en un plan de jubilación. Esto le ayudará si no quiere pasar el resto de tu vida trabajando. Considere la posibilidad de invertir en su futuro. Si se ofrece, considere tener un 401(k) en el trabajo e iguale lo que contribuye su empleador. Si desea dar un paso más, puede abrir una cuenta IRA. Se le pedirá que invierta cada año, y la cantidad que pague dependerá de su edad.

4. **Hacer mejoras en el hogar**

Usted no quiere comprar una ventana o un techo nuevo hasta que deba hacerlo. Sin embargo, invertir en mejoras para el hogar puede aumentar el valor de su casa. En algunos casos, estas mejoras pueden reducir sus gastos de electricidad. Por ejemplo, comprar un refrigerador nuevo puede reducir significativamente su factura de electricidad. Las mejoras a la vivienda pueden aumentar el valor de reventa de su casa y convertirla en una inversión en lugar de un gasto enorme.

5. **Invertir en educación**

Siempre es una buena idea invertir su dinero en educación. Usted puede tomar una clase para aprender una nueva habilidad para un trabajo, aprender un nuevo pasatiempo o comenzar una nueva carrera o título para ayudarle a obtener un ascenso.

Cualquiera que sea su razón, tomar clases puede ser beneficioso y vale la pena su tiempo y dinero. En algunos casos, su empleador puede incluso reembolsarle por las clases que usted tome. Recuerde consultar primero con su empresa. También puede obtener beneficios fiscales.

6. **Asistir a una conferencia**

Asistir a una conferencia es una gran inversión. Obtendrá la información más reciente sobre su área de especialización para ayudarle a tener más éxito en lo que hace. Puede conocer a mucha gente y construir una gran red de contactos. Si usted trabaja por cuenta propia, es una manera perfecta de informar a los clientes potenciales sobre sus servicios.

¿Puede vivir con la mitad de sus ingresos y ahorrar el resto? Probablemente

¿Qué tan pronto podría alcanzar la independencia financiera, si pudiera vivir con la mitad de lo que gana e invertir el resto?

Probablemente dentro de seis años, y casi con seguridad menos de diez años.

Debe tener en cuenta que la jubilación y la independencia financiera no son sólo cuestión de cuánto gana. Se trata de cuánto de sus gastos puede pagar con los ingresos de sus inversiones.

Usted puede acelerar ese proceso de dos maneras: aumentando las inversiones y reduciendo sus gastos. Bueno, la buena noticia es que estos dos objetivos pueden lograrse con el mismo proceso. Implica vivir con un porcentaje de sus ingresos e invertir el resto para obtener un ingreso más pasivo.

Considere este desafío: asuma que usted puede vivir con la mitad de sus ingresos y eliminar la incredulidad. ¿Qué medidas financieras necesitaría para llegar allí?

1. Haga que dos semanas paguen su nuevo presupuesto

Al crear su presupuesto mensual, por lo general se tienen en cuenta los ingresos de cuatro semanas. Ocasionalmente usted recibirá un cheque de pago adicional, pero normalmente recibirá cheques de pago por cuatro semanas.

Si normalmente se le paga cada dos semanas, significa que recibe dos cheques de pago en un mes. Su reto sería cómo puede vivir con una sola paga. Eso es después de los impuestos. Ese es tu nuevo presupuesto.

¿Parece imposible? Bueno, ¿qué pasaría si pierde su trabajo mañana, pasa los próximos seis meses sin trabajo y finalmente obtiene un trabajo que le da la mitad de sus ingresos? ¿Estaría en la calle? ¿Se moriría de hambre?

No, tendría que pagar sus gastos y seguir adelante. Eso significa que es 100% posible vivir con la mitad de sus ingresos. Todo lo que tiene que hacer es hacer algunos cambios en su estilo de vida.

Su nuevo presupuesto debe ser sólo el valor del ingreso de un cheque de pago. Comience por escribir sus gastos fijos mensuales. Esto incluye facturas de servicios públicos fijas, pago del automóvil, vivienda y otros gastos. Luego anote sus gastos variables como la gasolina de su automóvil, las facturas basadas en el uso, los comestibles y otros. Y finalmente, anote los gastos recurrentes semestrales y anuales, tales como regalos de vacaciones, seguros, gastos de contadores, etc.

Cuando tenga todo eso, simplemente reduzca los gastos innecesarios para que se ajusten a su nuevo presupuesto.

2. Eliminar o reducir los costos de vivienda

Para la mayoría de la gente, la vivienda es el gasto más grande, y es el primer gasto que usted debe examinar. Por suerte para usted, hay una manera de hacerlo sin tener que mudarse a una casa menos deseable.

Esto implica obtener una pequeña propiedad de varias unidades, mudarse a una de las unidades y alquilar las unidades restantes. Los inquilinos le ayudarán a pagar los costos de la vivienda.

Si no quiere comprar una casa nueva o mudarse, todavía hay algunas opciones para usted. Puede segmentar parte de su propiedad como un conjunto de ingresos y luego arrendarla. Usted puede firmar un contrato de arrendamiento a largo plazo.

O tal vez pueda dejar un cuarto libre y conseguir una empleada del hogar. Las empleadas vienen con ventajas asombrosas más allá de pagar el alquiler. Ayudan con los quehaceres de la casa, cocinan, pagan las cuentas de los servicios públicos, e incluso pueden llegar a ser buenas amistades.

3. Aprender a cocinar

Comer fuera de casa o pagarle a alguien para que cocine para usted puede crear enormes gastos. Son asesinos del presupuesto.

¿Por qué no aprende a cocinar? Con el tiempo, mejorará en ello. Además, cocinar puede ser divertido.

Cualquiera puede aprender a cocinar, y una vez que supere la incomodidad inicial, aprenderá a completar una comida de tres platos que supera a cualquier cosa en un restaurante con un precio excesivo. Costará mucho menos cocinar, y usted puede ganar dinero extra para el día siguiente.

Además, cuando cocine, cocinará comidas más saludables que las de los restaurantes. Usted puede escoger platos e ingredientes bajos en carbohidratos o bajos en grasa. Los restaurantes sólo dan prioridad al gusto.

4. Aleje su vida social de las compras

¿Dónde se reúne normalmente con sus amigos? ¿Bares? ¿Las salas de cine? ¿Restaurantes?

Ya que ahora puede cocinar, puede invitarlos a cenar. También puede llevar bebidas más frescas a algún lugar con una vista asombrosa en lugar del bar. En lugar de pagar de más para conseguir un boleto de cine, planee una noche de cine en su casa o en la de su amigo.

Usted podría gastar $100 comiendo en un restaurante con amigos, o podría gastar $20 juntándose para una fogata en la playa, en un picnic, en una degustación de vinos caseros o en una barbacoa en el patio trasero.

Todo lo que se necesita es un poco más de creatividad y planificación, pero le ayudará a ahorrar una gran cantidad de dinero sin perder tiempo o diversión con un amigo.

5. Ganar más dinero

Si está luchando para llegar a fin de mes con un ingreso de dos semanas, busque otras maneras de ganar más dinero. Hay muchas maneras de lidiar con esto. Usted podría negociar un aumento de sueldo en su lugar de trabajo, o podría buscar un nuevo trabajo que pague mejor. Encuentre cualquier cosa que pueda convertirlo en un empleado más valioso y hágalo. Si eso no es posible, busque un trabajo de medio tiempo para ganar dinero extra.

¿Qué habilidades tiene usted que otros necesitan? ¿Puedes construir sitios web en WordPress? ¿Es bueno en fotografía y está dispuesto a trabajar en bodas durante algunas noches de fin de semana todos los meses? ¿Tiene experiencia en mejoras para el hogar?

Todos tenemos habilidades y todos podemos aprender a desarrollarlas. Hay muchas maneras de ganar dinero, pero requiere iniciativa de su parte.

6. Transfiera automáticamente la mitad de sus ingresos

Usted siempre estará tentado a usar dinero en su cuenta de operaciones o de cheques.

Puede configurar una transferencia automática de su cuenta a una cuenta de inversión o de ahorros. Usted debe hacer esta transferencia el mismo día en que se le paga.

Al principio, usted puede usar la mitad de sus ingresos para pagar sus deudas. Cuando todas las deudas estén saldadas, su presupuesto será muy fácil de manejar. Sin deudas, usted puede comenzar a invertir en inversiones de alto rendimiento que le paguen. Pronto empezará a subir, y estará en un ciclo fantástico en el que sus ingresos seguirán aumentando.

Ese ciclo sólo despegará si mantiene los gastos bajos. La mayoría de la gente sólo sale a gastar cuando recibe más dinero. Quieren un auto nuevo, cenas elegantes, una casa y ropa nuevas. Eso es lo que ellos llaman inflación de estilo de vida, y es un enemigo de la independencia financiera.

7. **Empujar sus límites mentales**

Nuestras mayores limitaciones son nuestras mentes. Comience trabajando hacia atrás con su presupuesto, reduzca sus gastos y aumente sus ingresos. Con disciplina y creatividad, es posible vivir de la mitad de sus ingresos.

Obtenga la información que necesita para comenzar a invertir

¿Quiere invertir, pero no tiene ni idea de por dónde empezar? El primer paso para invertir es el más importante. Si usted invierte sabiamente, puede conducir a la independencia financiera y a ingresos pasivos.

Si desea comenzar a invertir, necesita tener la información correcta para evitar malgastar su dinero en inversiones deficientes. Entonces, ¿qué información debería tener para empezar? Aquí está la información que necesita para asegurar que su inversión sea un éxito:

1. **Decida el tipo de activos que desea poseer**

Invertir es poner dinero en algo hoy y obtener más dinero en el futuro. Por lo general, puede lograrlo mediante la adquisición de activos productivos. Por ejemplo, si usted compra un edificio de apartamentos, usted será dueño de la propiedad y del dinero en efectivo que produce a través del alquiler.

Cada activo productivo tiene características únicas, así como ventajas y desventajas. Aquí están algunas de las inversiones potenciales que usted podría considerar:

Capital social - El capital social de una empresa le permite compartir una ganancia o pérdida generada por la empresa. Ya sea que desee poseer ese capital comprando acciones de una empresa que cotiza en bolsa o adquiriendo una pequeña empresa directamente, las acciones de una empresa son la clase de activos más gratificante.

Valores de renta fija - Cuando usted decide invertir en valores de renta fija, está prestando dinero a un emisor de bonos. A cambio, usted recibirá un ingreso por intereses. Puede hacerlo de muchas maneras: desde bonos de ahorro estadounidenses hasta bonos municipales libres de impuestos, desde bonos corporativos hasta mercados monetarios y certificados de depósito.

Bienes raíces - Los bienes raíces son quizás los inversionistas de clase de activos más antiguos y fáciles de entender. Usted puede ganar dinero invirtiendo en bienes raíces de varias maneras, pero todo se reduce a ser dueño de algo y dejar que otros lo usen para pagos de arrendamiento o alquiler. O para desarrollar una propiedad y venderla con fines de lucro.

Propiedad y derechos intangibles - La propiedad intangible consiste en todo, desde patentes y marcas registradas hasta derechos de autor y regalías musicales.

Tierras agrícolas y otros productos básicos: la inversión en actividades de producción de productos básicos implica extraer o producir algo de la naturaleza o del suelo. Por lo general, implica mejorarlo y venderlo para obtener beneficios. Si hay petróleo en su tierra, puede extraerlo y obtener dinero en efectivo. Si usted cultiva maíz, puede venderlo y ganar dinero. Puede involucrar muchos riesgos -desastres, clima y otros desafíos que podrían hacerle perder dinero- pero aun así puede ganar dinero con ello.

2. Decida cómo desea ser propietario de estos activos

Cuando haya decidido cuáles son los activos que desea poseer, puede decidir cómo poseerlos. Para entender este punto, veamos la equidad en los negocios. Digamos que quiere una participación en un negocio que cotiza en bolsa. ¿Va a ir a por las acciones directamente o va a pasar por una estructura mancomunada?

- **Propiedad pura** - De esta manera, usted comprará directamente acciones de una compañía individual y las verá en su balance general o en el de la entidad que usted posee. Usted será un accionista real y tendrá derecho a voto. Esto podría darle acceso a ingresos por dividendos. Su patrimonio neto puede aumentar a medida que la empresa crece.

- **Propiedad compartida** - Con este método, usted agregará su dinero a un fondo común aportado por otras personas y comprará la propiedad a través de una entidad o estructura compartida. La mayoría de las veces, esto se hace a través de fondos mutuos. Si usted es un inversor rico, puede invertir en fondos de cobertura. Si no tiene una gran cantidad de dinero, puede considerar la posibilidad de invertir fondos indexados y fondos negociados en bolsa.

3. Decida dónde desea mantener los activos

Cuando haya tomado una decisión sobre cómo desea adquirir activos de inversión, debe decidir cómo desea mantener estos activos. Hay varias opciones:

- **Cuenta imponible** - Si usted decide sobre cuentas imponibles como una cuenta de corretaje, usted pagará impuestos más tarde, pero no habrá ninguna restricción en su dinero. Será libre de gastarlo en lo que quiera. Usted será libre de cobrar y comprar lo que quiera. También puede agregarle cualquier cantidad que desee cada año.

- Refugios tributarios - Si usted elige invertir en cosas como Roth IRA o plan 401(k), hay beneficios de protección de impuestos y bienes. Algunos planes y cuentas de jubilación ofrecen protección ilimitada contra la bancarrota. Esto significa que si se produce un desastre médico que borre su balance general, los acreedores no tocarán su capital de inversión. Algunos tienen impuestos diferidos. Esto significa que usted podría obtener deducciones fiscales cuando deposite el capital en una cuenta para elegir la inversión y pagar impuestos en el futuro. Una buena planificación fiscal puede significar una gran riqueza adicional en el futuro.

- Confíe en otros mecanismos de protección de activos: puede retener sus inversiones a través de estructuras o entidades como los fondos fiduciarios. Obtendrá importantes beneficios de protección de activos y de planificación cuando utilice estos métodos especiales de propiedad. Esto es útil cuando se desea restringir el uso del capital. Además, si usted tiene importantes inversiones en bienes raíces o activos operativos, puede hablar con su abogado para establecer una sociedad de cartera.

La información que necesita para empezar a construir sus activos personales

Hay muchas maneras de construir activos personales con poco dinero, pero pocas personas saben cómo hacerlo. ¿Cuál podría ser el problema? El problema es que la mayoría de la gente no conoce el importante proceso de construcción de activos.

¿Qué se debe hacer para construir activos? No es ciencia espacial. Si usted aprende el proceso de construcción de activos, el resto es fácil.

Invertir dinero para acumular activos

Usted debe saber todo acerca de la relación entre la acumulación de activos y las inversiones.

- **Inversiones** - Invertir es el proceso de compra de activos.

- **Acumulación de activos** - Cuando usted adquiere activos gradualmente con el tiempo y los mantiene a largo plazo, los activos comienzan a acumularse. Para que un proceso de inversión tenga éxito, debe comprar activos con la intención de acumularlos.

- **Construcción de activos** - La construcción de activos es el proceso de compra gradual de activos con la intención de acumularlos.

Cuando usted compra activos sin la intención de acumularlos, se convierte en una actividad sin sentido.

Ya que ahora usted entiende el proceso de construcción de activos, vamos a hacer una pregunta más básica.

¿Por qué construir activos?

Usted debe crear activos para la independencia financiera. ¿Por qué es necesario?

¿Ama su trabajo? Conozco a poca gente que levantaría la mano ante esa pregunta. Si la mayoría de las personas no aman su trabajo, ¿por qué lo conservan? Es simple: necesitan dinero, por eso no tienen otra opción.

Debemos comprometernos a hacer nuestro trabajo porque queremos seguir ganando dinero. ¿Existe alguna forma de eliminar esta dependencia? Sí, hay una manera de salir de esto. Todo lo que tiene que hacer es ser financieramente independiente. ¿Cómo se hace eso? Aquí hay un enfoque para ayudarle.

- Tenga en cuenta que usted depende de su trabajo para obtener ingresos. La mayoría de las personas que trabajan no se dan cuenta de que existe la independencia financiera.

- Comience a eliminar gradualmente la dependencia financiera. Usted puede hacer esto generando una fuente alternativa de ingresos. ¿De dónde vendrá su fuente alternativa de ingresos? De invertir en activos.

¿Cómo puede una persona común construir bienes?

Para aquellos que ya son ricos, los métodos de construcción de activos son diferentes. ¿Cómo puede una persona común construir bienes? Aquí están los pasos:

1. **Ahorrar** - Ahorrar dinero es muy importante. La manera más fácil de ahorrar dinero es reservando parte de sus ingresos. La eliminación de gastos innecesarios aumentará el efectivo en mano. Incluso los millonarios deben ahorrar dinero si quieren seguir siendo ricos. Si ahorra más del 25% de sus ingresos totales, se considera un ahorro decente. Usted puede hacer una transferencia automática donde el 25% de su dinero va automáticamente a sus ahorros.

2. **Invertir** - ¿Por qué necesita invertir y no seguir ahorrando para comprar activos directamente? Sería bueno hacer eso, pero no se recomienda guardar su dinero como ahorros. Esto se debe a que los ahorros se pueden gastar fácilmente. Y no olvide que invertir su dinero hace que se multiplique.

3. **Bloquear fondos** - Este paso es muy importante. La mayoría de la gente se detendría en el paso dos. En este paso, usted estará convirtiendo todos sus activos en activos generadores de ingresos. ¿Cómo se puede hacer esto? Puede considerar REITs, propiedades de alquiler y acciones que pagan dividendos.

Dado que los pasos anteriores son muy importantes para la construcción de activos, vamos a entrar en más detalles sobre cómo podemos implementarlos con éxito.

1. **Ahorra dinero**

Usted necesita enfocarse en ahorrar suficiente dinero para comprar inversiones. ¿Cómo puede ahorrar dinero?

Construya un fondo de emergencia - Nada consume activos más rápido que una emergencia. Cuando algo inesperado sucede, puede consumir mucho dinero. Un ejemplo es una emergencia médica. Se recomienda que mantenga suficiente respaldo para manejar las emergencias. Considere ahorrar para una emergencia en efectivo y seguro.

Arregle un depósito recurrente - La prioridad aquí es ahorrar. No debería pensar en una devolución. Hay algunas ventajas de los depósitos recurrentes. Los ahorros serán automáticos, el dinero está seguro y el dinero permanece en el banco.

La creación de un fondo de emergencia asegura que estemos preparados para hacer frente a las emergencias de la vida. Cuando ocurren, podemos depender de nuestros ahorros. Hacer arreglos para depósitos recurrentes asegura que lo que ahorramos pueda ser usado para inversiones.

2. **Invertir dinero**

Cuando haya hecho todo el esfuerzo de ahorrar, debe asegurarse de invertir ese dinero sabiamente. La mayoría de la gente no tiene idea de cómo. ¿Dónde puede invertir su dinero? Aquí hay algunos ejemplos.

Fondos híbridos - Los fondos híbridos tienen un SIP, que es una herramienta útil para las inversiones. Hay varios beneficios. Obtendrá exposición a la deuda y al capital de una sola ventana. Usted debe desarrollar una mentalidad para mantener la inversión en este fondo a través de SIPs. Siga haciendo esto mes tras mes sin parar.

ETFs sobre índices - Los ETFs son un buen producto de inversión. Tienen los beneficios tanto de los fondos mutuos como de las acciones.

Los ETFs ofrecen una gran diversificación de inversiones dentro de una cartera de renta variable. Usted puede obtener unidades ETF cada vez que haya una caída superior al 3% en un índice.

Oro - El oro puede ser una inversión a largo plazo que dura hasta 12 años.

Comprar tierra - La tierra es un activo que se ha vuelto escaso. Es una gran idea invertir en terrenos en las afueras de una ciudad.

Aquí está multiplicando su dinero a un ritmo más rápido. Las inversiones anteriores pueden generar buenos rendimientos con el tiempo y con menos riesgo.

3. **Bloquear fondos**

El dinero que encerraste en tierras, SIP y RD tiene un solo objetivo. Usted puede redimirlo y usarlo para comprar activos en algún momento. Puede utilizarlo en activos generadores de ingresos. Considere lo siguiente:

Acciones que pagan dividendos - Son acciones fuertes que pagan dividendos regulares al accionista. Usted debe comprar estas acciones al precio correcto. Si no lo hace, su rendimiento será demasiado bajo. Usted debe esperar un momento perfecto para obtener las mejores acciones de pago de dividendos.

Propiedad en alquiler - Este puede ser el mejor activo generador de ingresos que usted puede obtener, ya que genera los mejores ingresos pasivos. Lo que usted gana de la propiedad inmobiliaria también aumenta la tasa de inflación.

Usted debe considerar la posibilidad de distribuir sus inversiones entre las opciones anteriores. Estos son vehículos de inversión perfectos para la generación de ingresos.

Invertir nunca es suficiente. Necesita construir sus activos.

Conclusión

Gracias por llegar al final de la Mente del Presupuesto Minimalista.

Esperemos que haya sido informativo y capaz de proporcionarle toda la información que necesita para administrar bien su dinero y alcanzar sus metas financieras.

Has aprendido que el minimalismo puede poner fin a la gula del mundo que nos rodea. Es lo contrario de lo que se ve en los anuncios de la televisión. Vivimos en una sociedad que se enorgullece de comprar muchos productos innecesarios; estamos abrumados por los hábitos consumistas, el desorden, las posesiones materiales, las deudas, el ruido y las distracciones. Sin embargo, de lo que parece que no tenemos suficiente, es de significado.

Adoptar un estilo de vida minimalista le permitirá eliminar las cosas que no necesita para que pueda concentrarse en las cosas que necesita. Usted ha aprendido cómo puede ahorrar dinero. Ahorrar dinero tiene muchos beneficios y podría ahorrarle muchos problemas en el futuro. Usted ha aprendido a hacer un seguimiento de sus gastos y cómo puede empezar a ahorrar dinero. Esto le ha enseñado a ser disciplinado cuando se trata de dinero.

Aparte de eso, usted ha aprendido algunas de las mejores estrategias de presupuesto para ayudarle a alcanzar sus metas. Aplique estas estrategias tan pronto como pueda para lograr sus metas financieras antes de lo esperado.

Salir de la deuda nunca ha sido fácil para la mayoría de nosotros, pero aprender acerca de las causas de la deuda le ha ayudado a ver la deuda de manera diferente y aprender maneras efectivas para salir de ella. Estos métodos le ayudarán a salir de la deuda y al mismo tiempo le ayudarán a ahorrar más.

Cuando haya eliminado las deudas y aprendido a ahorrar, considere la posibilidad de invertir en algo que multiplique su dinero. Con la información que ha aprendido sobre la inversión y la autodisciplina que ha ganado, verá la inversión desde un ángulo diferente y comenzará a acumular riqueza personal.

Ahora has aprendido a vivir un estilo de vida minimalista. La práctica hace la perfección, y eso es lo que necesita hacer con su presupuesto minimalista. Con un poco de tiempo y práctica, usted será capaz de hacer uso de los buenos hábitos de dinero y hacerlos parte de su vida.

Por último, si le ha gustado este libro, le pido que se tome el tiempo de revisarlo en Audible.com. Sus comentarios honestos serán muy apreciados.

Gracias.